라스베이거스의 교훈

LEARNING FROM LAS VEGAS

로버트 벤투리, 데니스 스콧 브라운, 스티븐 아이즈너 지음

이상원 옮김 스티븐 송, 박효영 감수

교훈에서 배우는 교훈

Learning from "Learning-from"

교훈에서 배우는 교훈[1]

로버트 벤투리와 데니스 스콧 브라운,
두 사람의 작업과 저술에 대한 최근 예일 심포지움에 관하여

1972년, 우리는 라스베이거스로부터 기호(signage)의 힘에 대해 배웠다. 로버트 벤투리와 데니스 스콧 브라운이 표현적 건축과 상징적 건축의 은유로 사용한 '오리'와 '장식된 셰드'를 통해서였다[2]. 후대에 지대한 영향을 끼친 책『라스베이거스의 교훈』에서 두 사람은 건축의 이중성, 즉 내면의 '셸터'로서의 역할, 그리고 소통적, 장식적, 정보적, 상징적 측면에서의 '기호'라는 역할을 설명했다.

사진 1. 1968년 스튜디오 과정의 일부로 라스베이거스를
답사하는 로버트 벤투리와 데니스 스콧 브라운
© VSBA Archives

사진 2. 라스베이거스의 로마 병사상과
카지노 주차장
© VSBA Archives

2009년 10월 29일부터 2010년 2월 5일까지 예일 건축대학원 갤러리에서는 벤투리와 스콧 브라운의 교육, 연구, 디자인 작업을 아우르는 '우리가 배운 것들(What We Learned)'이라는 전시회가 열렸다. 이는 따로 기획된 두 전시로 이루어졌다.

하나는 '예일 라스베이거스 스튜디오'라는 전시로 마르티노 스티에를리와 힐라 스태들러가 기획하였고 2008년 스위스 크리엔스 벨파크를 시작으로 순회 전시를 이어가며 『라스베이거스의 교훈』의 토대인 1968년 예일 스튜디오의 원본 사진, 슬라이드, 문서 등 기록자료를 보여준다. 다른 하나는 '벤투리, 스콧 브라운 앤 어소시에이츠의 작업'으로 딘 사카모토와 데이비드 사디지언이 기획한 컨셉 기반 전시로서 필라델피아 사무소 대표 작업들의 3차원적인 디스플레이이다. 1960년대 중반부터 오늘날까지 이어지는 이 사무소 작품들의 핵심 개념들을 재검토하면서 컨텍스트, 매너리즘, 커뮤니케이션, 자동차 도시, 도시 연구라는 다섯 개의 주제로 나누어 전시를 구성하였다.

그림 3. '벤투리, 스콧 브라운 앤 어소시에이츠의 작업' 전시의 주제 패널 및 설치물, 우리가 배운 것들: '예일 라스베이거스 스튜디오'와 '벤투리, 스콧 브라운 앤 어소시에이츠의 작업' © Yale Media Services

1월의 첫 나흘 동안 세계 각국의 건축가, 미술가, 작가, 학자와 학생들이 예일대의 폴 루돌프 홀에 모여 벤투리와 스콧 브라운의 이론을 재평가하고 여러 학문 분야에 걸친 그 중요성 및 역사적이고도 동시대적 시각에서의 잠재성에 대해 논의하였다. 로버트 A.M. 스턴 예일 건축대학원 학장이 주관하고 현재 건축사 분야 빈센트 스컬리 방

문 교수인 스타니슬라우스 폰 무스가 기획한 '라스베이거스 이후의 건축' 심포지움은
최초 발간 이후 40년 이상이 흘렀음에도 여전히 예술가, 도시계획가, 디자이너와 건
축가들에게 영감과 자극을 주는 『라스베이거스의 교훈』에 담긴 주제와 도전적인 생각
들을 집중 조명하였다(사진 4와 5).

사진 4. 예일대 폴 루돌프 홀에서 열린 '라스베이거스 이후의 건축' 심포지움
© Yale School of Architecture, photo by K.Brandt Knapp

사진 5. 학부생들과 함께한 로버트 벤투리와 데니스 스콧 브라운
© Heather J. Clark

　　이 글에서는 이 심포지움 과정과 그 이후에 이루어진 논의 중 후속 검토를 요하는
몇 가지를 정리하고자 한다.

건축 분야를 넘어서는
벤투리와 스콧 브라운의 영향

벤투리와 스콧 브라운은 『라스베이거스의 교훈』의 광범위한 파급력에 대해 견해를 밝혀왔다. 이 책의 아이디어는 건축적 담론을 넘어서 여러 분야의 학자와 전문가들에게 영향을 미쳤다. 특히 두 사람의 작업과 시각 예술 사이에는 긴밀한 상호 관계가 오래 이어졌고 이 점에 대해 '라스베이거스 이후의 건축' 심포지움 연사들 여러 명이 언급하였다.

로버트 벤투리는 저서에서 자주 언급되는 '추하고 평범한'이라는 개념을 19세기 사실주의 회화와 연결시킨다. 하지만 이 개념은 다음 세기 팝 아트에서 가장 극명한 듯하다. 앤디 워홀의 캠벨 수프 깡통과 같은 작품들은 평범한 상품을 '달라진 매체, 스케일, 컨텍스트를 통해 특별해진'[3] 무언가로 만들었다. 상업적 풍경을 객관적으로 기록하는 벤투리와 스콧 브라운의 방법도 팝 아트에서 온 것이다. 심포지움의 여러 연사들이 언급했듯 두 사람은 주위를 관찰함에 있어 평가를 배제함으로써 새로운 통찰이 가능하다고 믿었다. 이러한 '무표정한(deadpan)' 분석법은 에드워드 루샤에게서 빌려온 것이었다(사진6). 마티노 스티에를리가 '라스베이거스와 움직이는 시선(Mobilized Gaze)'이라는 심포지움 발표문에서 소개했듯, 루샤는 『주유소 스물 여섯 개』나 『선셋 스트립의 모든 건물』 등의 출판물에서 '인간 시선의 선별적 인식 뿐 아니라 선택, 구성, 비율과 같은 예술적 고려 또한 극복하기 위해' 이 기법을 사용했다. 무표정한 객관적 관찰을 통한 대안적 인식이라는 아이디어는 무성영화 스타 배우인 버스터 키튼(Buster Keaton)에서 나온다는 주장도 있다. 키튼은 어떤 극적 상황에서도 침착한 태도와 표정 없는 얼굴을 유지한 인물이다(사진7). 키튼이 연기하는 인물은 그를 둘러싼 세상과 독립적으로 존재하는 듯 보이며 완벽히 객관적인 세계관을 통해 사물 및 공간을 기존과 전혀 다르게 사용하게 된다. 일반적으로 인정되는 기능 그 이상의 용도로의 사용을 상상하게 하는 것이다. 그의 손에 들어가면 빨래줄이 높이뛰기 장대가 되고 트럭은 임시 교각이 된다. 그리고 벤투리와 스콧 브라운에게 네온 사인은 건축이 된다.

사진 6. 1965년, 에드 루샤는 선셋 스트립의 모든 건물을 사진에 담았다. © Ed Ruscha

사진 7. 버스터 키튼 © Unknown

　『라스베이거스의 교훈』에 기록된 텍스트/기호와 풍경 사이의 관계는 루샤 작품에서 진화를 거듭했다. 루샤의 최근 작품에서는 텍스트가 완전히 동떨어져 풍경 이미지나 추상적 일몰 장면 앞을 둥둥 떠 다닌다. 다른 현대 작가들에게도 이런 경향이 나타난다. 예를 들어 웨인 화이트는 자동차 광고나 텔레비전 쇼, 더 나아가 중고 상점에 있는 '기성품' 풍경화에 광고 슬로건이나 일상적 문구를 그려 넣는다. 자동차 풍경과 함께 시작된 상업 문화의 순환 고리는 이렇게 끝없이 피드백 고리를 이어간다.

　통속적(혹은 '보편적'이거나 '평범한') 풍경과 매스 커뮤니케이션 개념은 댄 그레이엄의 심포지움 발표문 중에 소개되었던 작품인 '교외 주택의 대안(Alterations to a Suburban House)'(사진 8)에서 다른 의미를 갖게 된다. 이 교외 주택의 건축적 모델 대안에서는 앞면 파사드가 거대한 투명유리로 대체되었고 내부는 집 길이만큼 길게 이어지는 거울로 분할되어 있다. 집 전체를 가로지르는 이 거울은 드러나 보이는 공적 기능 공간(부엌, 거실, 식당)과 감춰진 사적 기능 공간(침실, 욕실)을 분리해준다. 이 거울은 집안 사람들의 삶을 반영하는 동시에 길 건너 집들의 파사드를 비춰준다. 이 유리 파사드는 미국 교외의 물리적 사회적 구조를 커뮤니케이션하는 광고판이 되는 동시에 두 구조를 전복시킨다. 지나가는 행인들이 집 안에서 반사되어 실제로 집안에 거주하는 사람들처럼 같은 거울 면에 존재하게 됨에 따라 사적 영역과 공적 영역의 관계가 모호해진다.

벤투리와 스콧 브라운이 팝 아트에서 교훈을 얻은 것은 맞지만 얼마 지나지 않아 스콧 브라운은 '팝적인' 라스베이거스 상업가로 풍경이나 교외의 평범한 풍경을 팝 아트로부터 구분하게 된다. 1971년 논문 '팝의 교훈(Learning from Pop)'에서 스콧 브라운은 'TV 광고와 대중 광고, 광고판과 66번 거리는 변화하는 건축적 감수성의 원천이다. '팝적인' 풍경의 형태는 고대 로마의 형태가 보자르의 형태에 중요했던 것처럼, 또한 큐비즘과 기계 건축의 형태가 초기 모던의 형태에 중요했던 것처럼 오늘날 우리에게 중요하다.'라고 하였다. 앞선 모더니즘의 경직된 원리에서 벗어난 통속적 풍경은 시간이 흐르면서 '미학적일 뿐 아니라 여러 차원의 필요성과 관련된'[4] 문화적 환경을 반영하는 방향으로 진화하였다.

반박과 관련해 오해를 바로잡기

심포지움에 참석하지는 못했지만 예일의 존경 받는 교수 카스튼 해리스는 벤투리와 스콧 브라운을 비판하는 데 적극적인 역할을 하였다. '비(非)임의적인 건축에 대한 생각(Thoughts on a Non-Arbitrary Architecture)'이라는 논문에서 해리스는 벤투리의 책, 『건축의 복합성과 대립성』에서 다음 말을 인용했다. '견고함, 유용함, 아름다움이라는 전통적인 비트루비우스 요소를 수용함으로써 건축은 필연적으로 복합적이고 대립적일 수밖에 없다. (…) 복합성과 대립성의 건축은 전체를 향한 특별한 의무를 갖는다. 그 진실은 완전성 혹은 완전성의 함축에 있어야만 한다. 그리고 배제를 통한 손쉬운 통합보다

수용을 통한 어려운 통합을 구현해야만 한다'. 그는 수용에 대한 벤투리의 이 말은 '미학적 요구에 *생활적 요구*를 종속시키고자'[5] 꿈꾸었던 발터 그로피우스이 '*완벽한 건물*'과 전혀 다를 바 없다고 주장했다. 이는 심각한 오해이자 '어렵게 합해진 전체' 개념에 대한 축소적 독해이다[6]. 생활을 미학에 종속시키는 것이 아니라, 벤투리와 스콧 브라운은 『라스베이거스의 교훈』에서 견고함, 유용함, 아름다움 사이의 새로운 평형을 이루기 위해 삶의 모든 것들을 끌어안아야 한다고 주장했다. 두 사람은 사회와 도시 경관 속 다양성이 여러 차원의 해석을 고취하는 긴장감을 유발한다고, 또한 이 긴장은 복합적 통합에서 해소된다고 보았다. 또한 벤투리는 건축이 쉬운 통합에 의존하는 대신 스케일과 컨텍스트가 모순되는 팝 아트를 관찰하며 배워야 한다고 말하기도 하였다[7](사진 9와 10).

사진 9. 발터 그로피우스의 파구스 신발 공장, 독일 알펠드 안 데르 라이네. © Hans Hildebrandt

사진10.　벤투리, 스콧 브라운 앤 어소시에이츠의 세인즈베리 윙(Sainsbury Wing), 영국 런던 내셔널 갤러리.
　　　　© VSBA Archives (Inset: Timothy Soar)

그럼에도 몇몇 차원에서는 해리스의 개념이 자신도 모르게 벤투리와 스콧 브라운에 근접하고 있다고 생각한다. 해리스는 '자전거 보관소는 건물이고 링컨 성당은 건축 작품이다. 인간이 들어갈 수 있을만한 스케일로 공간을 구획하는 모든 것은 건물이다. 건축이라는 개념은 미적 호소력을 지니도록 설계된 건물에만 적용한다'라는 니콜라우스 페브스너의 주장을 반박하고 '(페브스너의 주장이 지닌) 단순한 논리는 건물의 겉모습에만 한정된다'[8]라고 하였다. 내 생각에는 벤투리와 스콧 브라운 역시 이에 관해 페브스너에게 동의하지 않을 것 같다. 건축이 미적 호소를 넘어서 훨씬 많은 것과 관련이 있다는 비슷한 이유에서 말이다.

폴 골드버거는 최근의 저서 『건축이 중요한 이유(Why Architecture Matters)』에서 어떻게 건축이 예술과 실용성 사이의 절묘한 균형인지, 어떻게 해서 그 두 가지가 분리되어 인식될 수 없는지 다루었다. 이는 해리스가 '도전과 편안함을 함께 가져오는 윤리적 기능이 존재한다. 고도의 미학적 야망을 지닌 건물이 사회적 목적을 충족시키시 위해서도 존재한다.'[9]라고 했던 것과 부합한다. 이어 골드버거는 우리가 아는 것처럼 건축의 임무가 우주의 질서에 도전하고 뒤엎는 것이라면 편안함은 불가능해 보이지만, 제대로만 된다면 그것은 해리스의 윤리적 기능을 충족시키며 우리를 놀라게 하는 동시에 편안하게 만들 것이라고 하며, 이를 건축적 종합(synthesis)의 마술이라고 하였다.

골드버거는 미켈란젤로와 로마노 같은 이탈리아 매너리스트에게서, 존 손 경에게서, '르 코르뷔지에의 레이저와도 같은 강렬함'에서, 미스 반 데어 로에에서, 루이스 칸에게서, '게리의 겉보기에는 무질서해 보이는 형태들'에서, 그리고 마지막으로 벤투리와 스콧 브라운의 현대 매너리즘에서 그러한 종합의 마술을 보게 된다고 설명한다[10].

포모(PoMo) vs. 포스트모더니즘, 혹은 벤투리와 스콧 브라운의 입장에 대한 서로 다른 이해

개념 사이의 갈등은 희석되거나 무시되는 일 없이 객관적으로 연구되어야 한다. 『건축의 복합성과 대립성』, 그리고 『라스베이거스의 교훈』 이후 벤투리와 스콧 브라운은 현재의 사회적, 문화적, 기술적 컨텍스트를 더 잘 이해하기 위해 버나큘러 (vernacular)한 풍경에서 배우는 깃의 중요성을 탐구하고 강조해왔다. 하지만 버나큘러, 특히 60년대 팝 문화에서 배우자는 두 사람의 주장은 '포스트모더니즘'이라는 축소적인 꼬리표를 얻고 말았다.

이 문제와 관련해 벤투리와 스콧 브라운은 '라스베이거스 이후의 건축' 심포지움의 기조 강연에서 자신들이 동의하는 포스트모더니즘과 자신들과는 다른 고도의 상업화되고 표피적인 '포모(PoMo)'를 구분 지었다(사진 11). 스콧 브라운은 "포모 건축가들은 사회 계획자들을 오해했고 사회적 고려를 무시했다. 우리가 보기에 그들은 디자인 지식을 결여했고 스케일에도 능숙하지 못했다. 컨텍스트에 대한 시각은 협소했다. 포모 건축가들은 모방과 불충분한 지식으로 역사를 다루었다. 또한 제멋대로였고 유머 감각이 없었으며 의미에도 거의 주의를 기울이지 않았다. 우리는 포스트모더니스트이다. 하지만 예술, 인문학, 사회 변동과 사회과학에서 탄생한 1960년대 초의 포스트모더니즘을 염두에 둘 때에만 그렇다."라고 말했다. 2005년, 블라디미르 패퍼니와의 인터뷰에서도 벤투리와 스콧 브라운은 "홀로코스트로 드러난 순수함의 종말에 대해, 다문화주의에 대해, 판단 유보에 대해, 내 자신의 최고 아이디어라 해도 일단 의심하는 것에 대해 말하는 포스트모더니즘이 있었다. 우리는 거기에 전적으로 동의한다."[11] 라고 하였다.

사진 11. 포모(PoMo) 건물인 PPG 빌딩 모형을 머리에 쓴 필립 존슨. © Joseph Astor

심포지움 이후 나는 폰 무스 교수와 여러 차례의 이메일 교환을 통해 토론을 벌였다. 폰 무스는 포스트모더니즘이 반(反) 계몽의 한 형태이고 유럽 철학과 과학이 진리라고 보았던 모든 것을 무너뜨린 반(反) 모던 교리라고 주장하는 프랑크푸르트학파의 비평가이다. 이는 포스트모더니즘에 대한 중요하고 유익한 비판이다. 하지만 나는 벤투리와 스콧 브라운의 논의가 포스트모더니즘보다 오히려 프랑크푸르트 학파(두번째 세대)의 비판 이론에 더 잘 들어맞지 않을까 생각한다[12]. 벤투리와 스콧 브라운이 초기 모던 건축과 매너리즘에서 본 가능성들이 위르겐 하버마스와 같은 프랑크푸르트학파 사상가들이 '불완전한' 모더니티와 계몽에서 찾은 잠재력과 연결될 수 있다고 보기 때문이다. 벤투리와 스콧 브라운은 여러 차례 초기 모더니즘에 찬사를 보낸 바 있다. 두 사람의 작업에 대한 폰 무스의 1999년 저서를 위해 대화하면서 스콧 브라운은 "우리는 늘 스스로가 모더니스트라고, 이성적으로 정의된 모더니즘 안에서라면 그러하다고 주장해왔다. 왜냐하면 그것이 우리의 출발점이기 때문이다. 우리는 모던 운동에서 나온 일련의 건축 방식에 동의하며, 우리 스스로를 기능주의자라고 생각한다. 우리는 모더니즘의 충실한 지지자로서 모더니즘을 대해왔으며 그 의미를 유지시키기 위해 변화를 가한다."[13]라고 하였다. 두 사람의 최근 저서인 『기호와 시스템으로 읽는 건축-매너리즘 시대를 위하여』의 첫번째 챕터에서 벤투리는 초기 매너리스트들로부터 어떤 점을 배워 자신의 디자인에 적용하고 사용했는지 상세히 설명했다[14]. 하버마스의 영향력 있는 에세이 '모더니티-불완전한 프로젝트'에 붙인 토머스 도허티(Docherty)의 도입부를 보면 '하버마스는 계몽을 구조하는 합리성이 가능하다고 보았다. 합리적 사회를 만들려는 과정에서 오류가 나타났다는 점을 받아들이지만 그렇다고 해서 모더니티 프로젝트를 부정해서는 안 된다고 하였다.'[15]라고 나온다. 벤투리, 스콧 브라운, 하버마스는 모두 기존의 패러다임에 도전하고 자신들의 문제를 인식했지만 완전히 혁명적인 새로운 것을 제안하기보다는 기존의 것을 바탕으로 진화하고자 노력했다. 비슷한 방식으로 '두 개의 포스트모더니즘'이라는 글에서 로버트 A.M. 스턴이 벤투리와 스콧 브라운은 '모더니즘까지 포함해 서구 인문주의라는 문화적 전통의 연속성에 대한 인정'[16]을 주장한 '전통적인' 인물들이므로 '분리주의자' 포스트모더니스트들과는 다르다고 쓴 것도 같은 맥락이다.

스콧 브라운은 강연에서 그 시각을 지지했다. "우리들은 또한 1930년대 초의 의미에서 모더니스트들로 모던 교리가 변화를 허용하도록 업데이트하는 전통 모더니스트 프로젝트를 진행하고 있다."라고 한 것이다. 『라스베이거스의 교훈』 초판 서문에서도 벤투리와 스콧 브라운은 '우리 저자들은 모던 건축(Modern architecture)을 비판해왔지만 모더니즘 건축 초기의 개척자들, 시대의 요구에 민감하게 반응해 적절히 혁명을 이뤄낸 분들은 대단히 존경한다는 점을 여기서 꼭 밝히고 싶다. 우리는 과거의 혁명을 오늘날까지 무작정 왜곡된 형태로 연장하려 드는 경향을 비판할 뿐이다.'[17]라고 쓴 바 있다.

여기에서 어디로 갈 것인가?
이 모든 것에서 배운 젊은 건축가 세대는 무엇을 해야 하는가?

벤투리와 스콧 브라운의 작업에서 배운 교훈은 다양한 방식으로 명백히 이어지고 있다. 심포지움에서 베아트리즈 콜로미나는 '레빗타운의 교훈', '햄버거의 교훈', '팝의 교훈', '알토의 교훈'에 이어 '모든 것의 교훈'까지 포함된 '~~의 교훈' 시리즈를 보여주었다. 그 대부분은 벤투리와 스콧 브라운이 쓴 것이지만 나름의 방식으로 '~~의 교훈'을 만들어가는 다른 작가와 건축가들도 존재한다. AOC의 빈센트 라코바라와 조프 시어크로프트는 지난해 런던 메트로폴리탄 대학교에서 '밀튼 케인스의 교훈'이라는 설계 스튜디오를 진행했다. 마티유 보리세비츠는 『항저우의 교훈』이라는 책을 최근 출간했다. 스탠 앨런은 벤투리와 스콧 브라운의 논지를 함축적이고도 명백하게 반영한 프린스턴 대학교의 두 과목을 소개했는데 이는 SANAA의 '일본의 교훈', 그리고 알레한드로 자에라 폴로의 '건물 외피의 정치학'이었다. 카린 테우니센은 델프트 공대에서 벤투리와 스콧 브라운의 '교훈들'을 연구하는 스튜디오를 수업하는데 특히 공간적 레이아웃(내부의 길, 여러 겹의 공간 레이어링 등)과 파사드 구성과의 관계에 초점을 맞춘다고 한다. 발레리 디들론은 '벤투리주의(Venturism)' 영향을 받은 유럽의 현대 건물들을 보여주었다. 그 중에는 OMA의 로테르담 쿤스탈(Kunsthal), 벤투리와 스콧 브라운의 전면부 디자인을 명백히 적용한 FAT의 후그빌렛 마을 커뮤니티 건물 '빌라(Villa)'가 포함되었다. 아론 비네거와 캐서린 스미스는『라스베이거스의 교훈』이 지닌 지속적인 영향력을 현대적인 시각으로 바라본 건축, 문화, 철학 에세이 모음인『라스베가스의 재교훈』을 공동으로 출간했다. 스타니슬라우스 폰 무스는 기조 강연 '스펙타클로서의 도시: 곤돌라에서 본 풍경'에서 벤투리와 스콧 브라운이 라스베이거스를 연구하면서 처음 만들어낸 렌즈로 베니스를 바라보았다. 이상의 사례들, 그리고 앞서 논의되었던 예술에 미친 다른 영향력들은 벤투리와 스콧 브라운이 일으킨 파문의 일부일 뿐이다.

사진 12. 심포지움의 연사들. 왼쪽 위에서부터 시계 방향으로 로버트 벤투리, 데니스 스콧 브라운,
        스타니슬라우스 폰 무스, 카린 테우니센, 댄 그레이엄, 베아트리츠 콜로미나.
        © Yale School of Architecture, photo by K.Brandt Knapp

피터 아이젠만은 벤투리와 스콧 브라운의 라스베이거스 연구에 대한 렘 콜하스의 말을 인용하는 것으로 강연을 시작했다. 콜하스는『라스베이거스의 교훈』이 미스 반 데어 로에에 이어 자본주의와 건축에 대한 두 번째 연구 흐름을 출발시켰다고 말했다[18]. 이에 대해 아이젠만은 "벤투리와 스콧 브라운의 책들은 이를 넘어섭니다. 매너리즘과 현대 도시를 연결하는 역사적인 지름길로 여전히 건재합니다."라고 덧붙였다. 아이젠만에 따르면 (효율적) 커뮤니케이션은 문법과 수사 두 가지를 갖추어야 하는데 벤투리와 스콧 브라운의 저서들 중『건축의 복합성과 대립성』이 문법이라면『라스베이거스의 교훈』이 수사라는 것이다. 그리고 최근 공저인『기호와 시스템으로 읽는 건축-매너리즘 시대를 위하여』은 자신들이 발전시켜온 문법과 수사를 활용하여 젊은 건축가 세대에게 주는 커뮤니케이션으로 이해할 수 있다고 하였다. 아이젠만은 벤투리와 스콧 브라운이 건축 담화에 혁신적 변화를 주도했고 이를 통해 완전히 새로운 사고의 가능성을 열었다며 '무한히 감사한다'는 말로 강연을 맺었다.(사진 13)

사진 13. 왼쪽에서 오른쪽으로 라파엘 모네오, 스탠 앨런, 피터 아이젠만, 로버트 A.M. 스턴 학장, 데니스 스콧 브라운. © Yale School of Architecture, photo by K.Brandt Knapp

나는 『라스베이거스의 교훈』에서 오늘날 특히 의미 깊은 교훈이 다음 네 가지라고 생각한다. 첫 번째는 미 남서부와 세계 여러 곳에서 나타난 자동차 도시의 탄생을 이해했다는 점이다[19]. 두 번째는 오늘날의 정보화 시대에 도상학, 상징성, 커뮤니케이션의 역할을 재평가했다는 점이다(이는 가장 명백하고 가장 많이 논의되는 점이기도 하다). 세 번째는 스콧 브라운이 『라스베이거스의 교훈』 개정판 서문에서 '사람들의 다양한 취향과 가치관을 새로이 수용하는 법을 배우자는 것, 그리고 사회 속의 건축가로서 우리 역할을 인식하고 디자인 과정에서 다시금 겸손해지자는 것'[20]이라 언급했듯 사회적인 측면이다. 네 번째는 벤투리와 스콧 브라운이 라스베이거스를 연구하기 위해 도입한 방법론이다. 이 네 번째는 흔히 간과되지만 앞의 세 가지와 똑같이 중요하다. 로스앤젤리스를 제치고 라스베이거스가 선택된 이유는 이것이 보다 순수한 (자동차와 상업주의) 현상의 형태이기 때문이다. 벤투리와 스콧 브라운은 전체를 이해하기 위해 변수들을 분리했고 이후 디자인 단계에서 이를 다시 종합했다. 여기서 다시 종합했다는 점 자체가 매우 중요하다. 이 접근은 설계자들이 현대 세계의 복합성을 이해하는데 유용하고 꼭 필요한 것이었다.

매리 맥리오드는 강연에서 '오리'가 정말로 죽어 있느냐는 질문을 던졌다. 오늘날 건축은 마케팅과 상업화된 스펙터클의 도구에 불과한 경우가 많다. 오일 머니와 열성적 투자자들이 만들어내고 신기술의 지원까지 받는 건축 기회 과잉 상황이 최근까지 이어지면서 건축은 신속하게 돈 버는 방법이 되었다. 수단이 목적이 되었다. 하지만 그 기회와 기술을 그저 도구로만 사용하는 대신 우리 실천가와 생산자들은 지적 탐구를 확대해야 하고, 이들 요소가 우리 삶에 어떤 변화를 가져오며 이들 요소를 디자인을 통하여 어떻게 다루어야 할지 질문해야 한다.

이 책의 마지막에 있는 나의 2009년 에세이인 '패러다임의 이동 : 데커레이티드 셰드의 재발견'은 이러한 노력의 한 형태이다. 이는 현대 건축의 기술적 발전 속에 벤투리와 스콧 브라운의 방법론을 위치시키고 모던 시대의 사회적 패러다임 전환을 모색한다. 커뮤니케이션 기술의 최신 발전에서 배우고 글로벌 인구 이동을 고려하면서 이 논문은 오늘날의 변화가 컨텍스트, 기호(signage), 셸터를 재정의하고 이들 간의 관계를 다시 고려하도록 만든다고 설명한다.

일요일에 열린 학생 세미나 '몇 마디 더(A Few More Words)'는 심포지움의 흥미로운 에필로그가 되었다. 예일 의대생인 지미 스탬프의 진행으로 예일대 석박사 과정 학생들이 그들에게 중요한 질문들을 벤투리와 스콧 브라운과 나누는 포럼 시간도 마련되었다. 지속가능성, 사적 공간과 공적 공간의 개념 변화, 새로운 컴퓨터 기술 활용, 건축 담론의 인터넷 확장 등의 주제가 등장했다. 이 세미나의 첫 영감을 제공한 저서 『말다툼(Having Words)』에서 데니스 스콧 브라운은 자신을 '건축의 할머니'라 불렀다. 여기서도 스콧 브라운은 건축계의 여성 지도자로서 쓴소리를 아끼지 않는다는 것을 입증하였다. 박사과정 학생들에게 당신의 엄정성은 어디 갔냐는 질문을 던졌다. 최근 박사 수준 연구에서 학문적 엄정성이 나타나지 않는다며 학생들에게 문제를 제기한 것이다. 이 모습은 '건축이 미래를 준비하도록 돕기 위해' 스스로에게 부여한 역할에 충실한 스콧 브라운이었다 (사진 14).

　　스턴 학장은 폐회사에서 『건축의 복합성과 대립성』과 『라스베이거스의 교훈』 같은 책들이 수많은 금기를 깨뜨린 탓에 출판되기가 대단히 어려웠다는 점을 언급했다. 예일대의 동료들은 라스베이거스 스튜디오가 가치 있는 건축 연구라 여기지 않았고 심지어는 학생들조차 자신들이 그 당시 배운 모든 것에 반대되는 주장을 펼친 『건축의 복합성과 대립성』을 쉽게 받아들이지 못했다. 그러나 그 개념들은 오늘날 잘 받아들여지고 있다. 마크 위글리는 『건축의 복합성과 대립성』 및 『라스베이거스의 교훈』이 자신이 꼽는 서구 건축의 4대 서적 목록에 들어간다고 한 바 있다[21]. 심포지움 발표들은 두 책의 아이디어를 창의적이고 유의미한 방식으로 발전시킴으로써 그 말을 증명해 주었다. 심포지움을 통해 우리는 벤투리와 스콧 브라운의 아이디어가 소개된 초기에 야기된 오해를 불식하고 본래의 의도대로 이해하게 되었다. 스턴 학장은 벤투리와 스콧 브라운이 삶에서 보여주고 우리가 교훈을 얻어야만 하는 또 다른 엄정성에 대해서도 말했다. 두 사람의 평생의 작업을 통해 자신들과 남들 모두에게 적용되는 기준을 아주 높게 세워두었다는 것이다.

뉴욕 다운타운에서

스티븐 송

1   교훈에서 배우는 교훈(Learning from "Learning-from"), 이 제목은 심포지움 폐회사에서 스타니스랄우스 폰 무스가 '라스베이거스 이후의 건축'이라는 최종 제목에 대한 대안으로 처음 언급한 것이다. 이 글의 제목을 무엇으로 정할지 고민하던 나는 이 제목이 잘 맞는다고 판단했다.

2   『라스베이거스의 교훈』 세번째 저자이자 벤투리, 스콧 브라운 앤 어소시에이츠 대표인 스티븐 아이즈너 또한 여기 포함된다. 이 책과 건축에 대한 아이제나워의 중요한 기여에 대해 심포지움의 여러 연사들이 언급했다. 하지만 이 글은 아이즈너와의 협력 전과 후에 이루어진 벤투리와 스콧 브라운의 작업 및 저술도 포함하는 만큼 아이즈너의 이름은 여기 미주에서 언급하기로 한다.

3   Venturi, Robert, and Denise Scott Brown, *Architecture as Signs and Systems for a Mannerist Time*.(Cambridge, MA: Belknap Press of Harvard University Press, 2004), p. 39

4   Scott Brown, Denise, "Learning From Pop," *Casabella* no359, 1971, pp 1-4

5   Harries, Karsten, "Thoughts on a Non-Arbitrary Architecture," *Dwelling, Seeing, and Designing: Toward a Phenomenological Ecology*, (Albany, NY: State University of New York Press, 1993), p. 43-44

6   이 글이 쓰인 이후 폰 무스는 철학과 사상에서 '오해'란 새로운 지혜의 시작일 수 있다는 점을 상기시켜 주었다. 나는 철학자로서의 해리스의 관점을 고려하는 별도의 논의가 필요할 수 있다는 데 동의한다.

7   Venturi, Robert, *Complexity and Contradiction in Architecture*, (New York, NY: Museum of Modern Art, 1966), p. 104

8   Goldberger, Paul, "Meaning, Culture, and Symbol," *Why Architecture Matters*, (New Haven, CT: Yale University Press, 2009), p. 37

9   Goldberger, Paul, "Challenge and Comfort," *Why Architecture Matters*, (New Haven, CT: Yale University Press, 2009), p. 61

10   Goldberger, Paul, "Challenge and Comfort," p. 63

11   Paperny, Vladimir, "Interview with Denise Scott Brown and Robert Venturi," http://www.paperny.com/venturi.html (2005)

12   여기서 말하는 프랑크푸르트 학파 2세대는 호르크하이머나 테오도르 아도르노 같은 1세대와 반드시 구별되어야 한다. 호르크하이머와 아도르노는 저서『계몽의 변증법』에서 합리성에의 의존이 20세기 전체주의를 낳았다고 주장하며 계몽주의를 강도 높게 비판한다. 이들은 하버마스가 '충분히 비판적이지 못하다'라고 평했다.

13   Von Moos, Stanislaus, Venturi, Scott Brown & Associates (New York, NY: The Monacelli Press, Inc., 1999), Cover.

14   Venturi, Robert, and Denise Scott Brown, *Architecture as Signs and Systems for a Mannerist Time*. (Cambridge, MA: Belknap Press of Harvard University Press, 2004), pp. 74-101.

15   Habermas, Jurgen, "Modernity ? an Incomplete Project," repr. in Thomas Docherty (ed.), *Postmodernism: A Reader* (New York, NY; Columbia University Press, 1993). p. 95.

16   Stern, Robert A.M. "The Doubles of Postmodernism," in Andreas Papadakis and Harriet Watson(Eds.), New Classicism (New York: Rizzoli, 1990), pp. 167-175

17   Venturi, Robert, Denise Scott Brown and Steven Izenour, *Learning from Las Vegas* (Cambridge, MA: MIT Press, 1972; revised edition 1977), p. xiii

18   Becker, Lynn, "Oedipus Rem - Interview with Rem Koolhaas," http://www.lynnbecker.com/repeat/OedipusRem/koolhaasint.htm. 이 인터뷰에서 콜하스는 '미스 반 데어 로에는 자본주의와 절묘하게 부합되는 방식을 찾고자 했다고 생각한다. (…) 자본주의 미학을 최초로 진정하게 다루는 길은 그것을 초월하는 것이다.'라고 하였다.

19   Theunissen, Karin, "Re-building as Urban Tactic, Examining Venturi Scott Brown and Associates' transformation from within the American campus," *The Architecture Annual 2004-2005*, (Delft University of Technology, 2006). 테우니센은『라스베이거스의 교훈』으로부터 도출된 벤투리와 스콧 브라운의 스튜디오 프로젝트가 지닌 목적을 다음과 같이 정리하였다. "이 스튜디오에는 '라스베이거스의 교훈' 혹은 '디자인 연구로서의 형태 분석'이라는 제목이 붙었고 '*오늘날 미국에서 나타나고 있는 새로운 도시 유형, 그저 도시 확장 (urban spraw)이라고만 여기고 있는 그 유형을 규정하기 위한 연구*'라고 소개되었다. 연구의 목적은 '*이 새로운 유형을 이해하고 적절한 연구 기법을 발전시키는 것*'이라고 하였다. 여기서 우리는『라스베이거스의 교훈』이 도시 형태를 먼저 관찰하고 이어 기록, 분석, 데이터 처리를 거쳐 '도시 디자이너들에게 유용한 디자인 도구가 되도록 하는' 데 있음을 알 수 있다. 책 초판에는 기술 분석의 측면을 언급하는 굵은 글씨 방주가 붙어 있다. 예를 들면 '이는 기술적 스튜디오이다. 우리는 새로운 도구들, 즉 새로운 공간과 형태를 이해하기 위한 분석 도구, 그리고 이를 표현하기 위한 그래픽 도구를 개발하고 있다'와 같은 방주이다.

20   Venturi, Robert, Denise Scott Brown and Steven Izenour, *Learning from Las Vegas* (Cambridge, MA: MIT Press, 1972; revised edition 1977), p. xvii.

21   콜럼비아 대학교의 마크 위글리 학장은 2007년 벤투리와 스콧 브라운의 강의를 소개하면서 이렇게 말했다. 다른 두 권은 팔라디오의『건축에 대한 네 권의 책』, 그리고 르 코르뷔지에의 『새로운 건축을 향하여』이다.

목차

PART I

PART Ⅱ

라스베이거스의 교훈

Learning from Las Vegas

라스베이거스의 교훈: 건축 형태에서 잊혀진 상징성

로버트 벤투리
데니스 스콧 브라운
스티븐 아이즈너

로버트 스콧 브라운(1931–1959)에게 바친다

초판 서문

이 책의 1부는 라스베이거스 상업가로 건축에 대한 연구를 기술한 것이고 2부는 1부의 연구 결과로부터 건축의 상징성과 도시 확장(urban sprawl)의 도상학을 일반화한 것이다.

라스베이거스를 통과하는 *91 도로*는 상업가로의 전형을 가장 순수하고 압축적으로 보여준다. 그 형태를 치밀하게 기록하고 분석하는 일은 오늘날 건축가와 도시학자에게 퍽 중요하다. 마치 앞선 세대에게 중세 유럽과 고대 로마 및 그리스 연구가 중요했던 것처럼 말이다. 이런 연구는 오늘날 미국과 유럽에서 나타나고 있는 새로운 도시 유형, 우리의 기존 상식과 전혀 다른 탓에 제대로 분석해내지 못하고 그리하여 그저 도시 확장(*urban spraw*)이라고만 여기고 있는 그 유형을 규정하게끔 해줄 것이다. 우리 스튜디오의 목적은 선입견 없는 열린 마음으로 이 새로운 유형을 이해하고 적절한 연구 기법을 발전시키는 것이다.

1968년 가을, 예일대 예술·건축대학원에서 우리가 만든 스튜디오 소개 글은 위와 같이 시작되어있다. 예일 대학원 교수 세 명, 건축 전공 학생 아홉 명, 설계 전공과 그래픽 전공 학생이 두 명씩 참여하는 연구 프로젝트였다. 스튜디오 이름은 '라스베이거스의 교훈, 혹은 디자인 연구로서의 형태 분석'으로 정해졌다. 그 학기가 끝날 무렵 라스베이거스 정신에 매료된 학생들이 뒤쪽 제목을 '위대한 프롤레타리아 문화 기관차'로 바꾸긴 했지만.

　　우리는 도서관에서 3주, 로스엔젤리스에서 나흘, 그리고 라스베이거스에서 열흘을 보냈다. 예일대로 돌아온 후 10주에 걸쳐 결과를 분석하고 자료로 정리하였다. 그 이전에도 우리 저자들은 여러 차례 라스베이거스에 갔고 'A&P 주차장의 중요성, 혹은 라스베이거스의 교훈'(Architectural Forum, 1968년 5월)이라는 논문을 발표한 바 있었다. 그 경험이 1968년 여름, 이 연구 프로젝트를 기획하는 바탕이 되었다. 우리는 연구를 12개 주제로 나눠 각 개인, 혹은 소그룹에 할당했고 연구 과정은 5단계로 구성했다. 여기에는 '응용 연구'라는 3단계도 들어 있었다. 이 책의 1부에는 연구 프로젝트 결과가 보강된 저자들의 본래 논문이 포함되어 있다. 안타깝게도 열두 명 안팎의 인원으로는 애초 계획했던 연구 주제를 모두 다룰 수 없었고 여타 연구 문제를 해결하기 위한 시간이나 자료도 충분히 확보할 수 없었다. 라스베이거스에서 뽑아 낼 수 있는 건축적 정보는 여전히 많다. 스튜디오에서 중요하게 강조되었지만 이 책에서 충분히 부각시키지 못한 내용도 있다. 예를 들어 전통적인 건축 스튜디오를 새로운 건축 교육 도구로 발전시킨다는 교육학 측면의 노력이 그렇고 또한 기존에 건축가나 도시 계획가들이 사용하던 것보다 더 적절한 그래픽 표현 수단을 찾아내어 도시 확장(urban sprawl), 특히 라스베이거스 상업가로를 묘사하고자 했던 노력이 그러하다.

　　우리 프로젝트에 대해 라스베이거스 시의 도시계획 실무자들은 정중한 태도로 여러 가지를 도와주었지만 의사결정자들은 정중하기만 했을 뿐 도움을 주지 않았다. 시와 카운티에는 우리를 지원할 기금이 없었고 상업가로 미화 위원장은 오히려 예일대가 라스베이거스에 돈을 내고 연구를 진행해야 한다고 여겼다. 우리가 도착하던 날 지역 신문은 '예일대 교수들, 8,925달러의 대가로 상업가로 칭찬할 예정'이라고 보도했고 며칠 후 여전히 희망을 버리지 않은 우리가 필름 제작비를 추가 요청하자 '예일대 교수들, 상업가로 칭찬 비용 올려'라고 다시 받아쳤다. 결국 우리가 공식적으로 받은 재정 지원이라고는 하워드 휴스의 헬리콥터 시간당 사용료 할인이 고작이었다.

우리 아이디어에 대해서도 공손하지만 회의적이었다. 알고 보니 미화위원회에서는 간판을 가로수로 가리고 거대한 분수로 습도를 높여 상업가로를 서부의 샹젤리제로 변신시켜야 한다는 주장을 하고 있었고 도시계획 부서는 건축적 조화를 위해 주유소들에게 카지노 비슷한 외관을 갖춰달라고 설득하는 중이었다.

이와 대조적으로 상업가로에서 가장 고급인 스타더스트 호텔은 우리에게 무료 숙박을 제공했다. 렌터카 업체들은 일주일 동안 무료로 차를 이용하게 해 주었다. 영 일렉트릭 사인 회사(Young Electric Sign Company), 특히 이 회사의 본 캐논 씨는 조력자 역할을 자청하기까지 했다. 우리 연구가 언론에 보다 호의적으로 보도되도록 애써 준 '라스베이거스 선' 지의 제리 리트먼에게도 감사한다. 마지막으로 '서커스 서커스 카지노'의 화려한 개막 공연에 합법적으로 예일대 여교수 한 명을, 그리고 절반 정도만 합법적으로 모든 학생을 데려가 준 라스베이거스 어느 명망 높은 시민에게도 감사한다. 그 화려한 행사 참석을 위해 구세군 가게에서 형광색 헌옷을 얻어 입어야 하기는 했지만 말이다.

교수 세 명의 연구 활동에 도움을 준 모든 분들의 이름을 나열하고 싶은 마음이지만 이 프로젝트에 특별히 지적 예술적 토대를 제공한 몇 분만 대표적으로 거명하겠다. 고(故) 도널드 드루 에그버트, 허버트 J. 갠스, J. B. 잭슨, 루이스 칸, 아서 콘, 진 러배터, 에스더 맥코이, 로버트 B. 미첼, 찰스 무어, 루이스 멈포드, 에드워드 루샤를 비롯한 팝 아티스트들, 빈센트 스컬리, 찰스 시거, 멜빈 M. 웨버, 톰 울프가 그들이다. 미켈란젤로, 이탈리아와 영국의 매너리즘 예술가들, 에드윈 러티엔스 경, 패트릭 게데스 경, 프랭크 로이드 라이트, 그리고 앞선 세대의 영웅적인 모더니즘 건축가들께 받은 도움도 감히 언급하고 싶다.

우리 저자들은 모던 건축(Modern architecture)을 비판해왔지만 모더니즘 건축 초기의 개척자들, 시대의 요구에 민감하게 반응해 적절히 혁명을 이뤄낸 분들은 대단히 존경한다는 점을 여기서 꼭 밝히고 싶다. 우리는 과거의 혁명을 오늘날까지 무작정 왜곡된 형태로 연장하려 드는 경향을 비판할 뿐이다. 재정 압박 등의 현실적 이유로 건축 혁명이라는 수사를 포기하고 클라이언트와 시대의 요구에 맞춰 단순한 건물을 짓는 건축가들에 대해서도 아무 유감이 없다. 인접 분야와의 협력 연구, 과학적 방법론에 기반한 연구를 통해 새로이 건축에 접근하려는 건축가와 학자들에 대해서도 마찬가지이다. 이들 역시 우리가 비판 대상으로 삼는 건축에 대한 반작용이다. 우리는 이 시점에서 건축이 더 다양한 방향으로 나아가면 갈수록 더 좋다고 생각한다. 우리의 건축은 남들의 건축을 배제하지 않으며 남들 역시 그렇다고 본다.

라스베이거스의 에이비스 렌터카, 셀레스트 앤 아먼드 바토스 재단, 데니스 더든, 라스베이거스의 오런 그랙슨 시장님, 클라크 카운티의 데이비드 헨리 박사, 라스베이거스의 허츠 렌터카, 조지 아이제나워, 필립 존슨, 에드거 J. 카우프만 재단, 앨런 래피더스, 모리 래피더스, 라스베이거스의 내셔널 렌터카, 오서바우 아일랜드 프로젝트, 너대니얼 앤 매조리 오윙스 재단, 필라델피아 롬 앤 하스 사(社), 클라크 카운티 도시계획 부서, 라스베이거스 시청 도시계획 부서, UCLA 건축과 도시계획학과, 예일 리포트, 영 일렉트릭 사인 회사, 거트 우드를 비롯해 우리 스튜디오에 도움을 준 예일대 예술 및 건축학과 안팎의 여러분들, 하워드 위버 학장, 찰스 무어, 그리고 예일 대학에 심심한 감사를 드린다. 이들 중 예일대의 건축가들이 라스베이거스에 진지한 관심을 가졌다는 점을 이상하게 여긴 사람은 없었으며 우리 빈약한 재정이 바닥났을 때는 기꺼이 비용을 부담해주기도 했다.

재능과 에너지, 유머 감각을 발휘해 위대한 문화 기관차를 움직이게 하고 독특한 성격을 부여하며 라스베이거스를 마음껏 즐기고 배우도록 해준 학생들에게 감사한다.

이 책의 집필과 관련해서는 우리를 두 번째로 지원해준 에드거 J. 카우프만 재단 및 셀레스트 앤 아먼드 바토스 재단, 1965년의 의회법으로 워싱턴에 설립된 연방 기구 국립예술기금, 우리 회사 벤투리 앤 라우쉬와 특히 간혹 투덜거리긴 했어도 작은 회사의 구성원 셋이 집필에 매달리는 상황을 감내하며 도와준 파트너 라우쉬, 삽화 작업을 조언해 준 버지니아 고던과 댄 스컬리 및 캐롤 스컬리, 원고 타자 작업을 해준 재닛 슈렌과 캐롤 라우쉬에게 감사한다. 마지막으로 우리의 공동 작업자이자 이 책의 공동 저자인 스티븐 아이즈너가 모든 과정에서 절대 없어서는 안 되는 인물이었음을 밝힌다.

서인도제도 칼리비니 아일랜드에서
데니스 스콧 브라운과 로버트 벤투리

개정판 서문

『라스베이거스의 교훈』개정 작업은 초판 가격에 대한 학생들의 불만 때문에 시작되었다. 초판을 2쇄로 찍으면 책 가격이 두 배로 뛰게 될 상황이라 우리는 책 내용을 압축해 독자들의 부담을 덜어주기로 했다. 이는 우리 논의를 보다 분명하게 정리하고 필요한 부분을 약간 보탤 기회도 되어 주었다. 그리하여 개정판은 분량 면에서는 줄었다 해도 초판을 넘어서는 모습을 갖췄다.

초판에서 빠진 것은 우리 작품들이 담긴 마지막 부분, 그리고 도판의 1/3 가량이다. 컬러 도판은 거의 다 뺐고 흑백 도판도 작은 판형에 맞춰 줄일 수 없는 것은 빠졌다. 판형 변경은 비용을 줄이기 위함이었지만 더 나아가 이 책의 중심이 도판에서 텍스트로 이동하게끔, 또한 바우하우스 디자인에 대한 우리 비판과 이 책의 후기 바우하우스 식(式) 디자인 사이에 존재하는 모순을 없애 주리라 기대한다. 초판의 '흥미로운' 모던 스타일링은 우리 주제와 맞지 않고 세줄 간격 텍스트는 읽기 힘들었다.

축약형 개정판의 1부 분석 및 2부 이론은 우리가 의도하는 바, 즉 건축의 상징성에 대한 논의를 더 분명히 드러낼 것이다. 이 책의 주제는 라스베이거스가 아니다. 건축 형태의 상징성이 바로 주제이다. 오류 수정이나 판형에 맞춘 수정을 제외한 대부분의 수정은 이 핵심을 강조하기 위해 가해졌다. '건축 형태에서 잊혀진 상징성'라는 부제를 붙인 것도 같은 이유이다. 텍스트를 '중성화'하기 위한 수정도 약간 있었다. 오늘날의 보다 분별 있고 인도적인 관행 덕분에 건축가는 더 이상 남성형 '그'로 통칭될 수 없으니 말이다.

비평가들에게 답하기에는 적절한 자리가 아닐지 모르나 우리는 이 개정판이 초판의 축약 뿐 아니라 보완도 되기를 바라기 때문에 앞서 다른 경로로 내놓았던 우리 답변들을 여기서 모아 제시하겠다.

우선 라스베이거스를 연구하면서 우리가 사회적 책임을 망각했다는 지적에 대해서는 '건축 형태주의와 사회적 우려에 관하여: 사회 계획가들과 급진적 시크(Chic) 건축가를 위한 담론'이라는 논문에서 답변을 했다.

'라스베이거스의 교훈' 초판 이후 첫 번째 경제 위기가 닥치면서 라스베이거스의 불빛이 잠시 꺼진 적도 있었고 자동차 등의 자원에 대한 미국인들의 확신이 흔들리기도 했다. 높은 에너지 소비와 낭비적 도시 생활은 상징적 건축과 다양한 가치 수용이라는 우리 논의에서 중심 주제가 되지 않는다. 그 이유는 '온 사이트 온 에너지(On Site on Energy)'와의 인터뷰에서 밝힌 바 있다.

로버트 벤투리가 초판에서 공동 저자와 공동작업자들을 밝히며 그 기여를 정당하게 인정해달라고 요청했음에도 출판 후 이는 거의 무시되었다. 나의 기여가 제대로 인정받지 못하는 상황, 또한 다른 건축가나 기자들이 일반적으로 쓰는 헌사에서 나타나는 마찬가지 상황에 개인적으로 불쾌감을 느끼던 끝에 나는 건축가라는 직업의 사회적 구조, 상위 계층 남성의 독점과 스타 중심 체계를 분석하게 되었다. 그 결과 나온 논문이 '건축의 성차별과 스타 체계'이다.

개정판에 새로 포함시킨 벤투리와 라우쉬 참고문헌을 보면 두 사람의 것을 포함해 다수 논문들의 출처가 나와 있다. 이 참고문헌은 회사 구성원을 포함한 여러 저자들의 저작을 망라한다. 가능한 한 완벽하게 만들려 애썼지만 혹시라도 빠진 것이 있다면 알려주기를 바란다.

'라스베이거스의 교훈' 이후 여러 프로젝트를 거치면서 건축의 상징성에 대한 우리 생각도 발전하였다. 이 책을 낳은 예일대 건축 스튜디오의 뒤를 이어 나음 해에는 도시 외곽 주거지역의 건축적 상징성을 연구하기 위해 '건축가를 위한 주거 보충 학습, 혹은 레빗타운의 교훈' 스튜디오가 진행되었다. 이는 우리가 기획한 스미소니언 연구소 국립 예술 박물관의 건국 200년 전시인 '삶의 표시(signs): 미국 도시의 상징들' 중 일부를 이루었다. 같은 맥락에서 '상징, 기호(sign), 그리고 미학: 다원화 사회의 건축적 취향'이라는 논문은 건축 상징성의 사회적 맥락 및 우리 사회 다양한 문화 취향이 건축가와 맺는 관계를 다루었다. 또 다른 논문 '장식이 붙은 셸터(shelter)로서의 건축'은 상징성에 대한 우리 이론을 한층 강화시켜주었다.

건축 교육학은 두 차례의 예일대 프로젝트에서 중요한 관심사였으나 '라스베이거스의 교훈'에는 살짝 언급되는데 그쳤다. 이 개정판에서는 스튜디오 노트를 1부 마지막에 별도로 모아 제시하였다. 이로써 본래 모습에 보다 가까운 형태가 되었다고 본다. 건축 교육학, 연구, 스튜디오에 대한 발전된 생각은 '디자인 연구로서의 형태 분석 – 스튜디오 교육학에 대한 약간의 논의를 덧붙여'라는 논문에서 상세히 설명하였다.

우리의 건축 작품에 대한 출판물은 참고문헌에 제시했다. 일본의 '아키텍처 앤 어버니즘(Architecture and Urbanism)'은 최근 두 호에 걸쳐 우리 회사를 폭넓게 소개한 바 있다.

우리 연구가 시작된 후 9년이 흐르는 동안 라스베이거스와 상업가로도 변화했다. 일부 건물들은 증축되고 파사드 디자인이 바뀌었다. 사라져버린 간판들도 있다. 강렬하고도 섬세한 네온 글자판은 흰색 플라스틱의 평범한 후면 조명 메시지보드로 대체되었고 이로 인해 상업가로 장식의 규모와 생동감이 바뀌었다. 이제 차량 출입 정문(portes cocheres)들이 표지판들과 경쟁하며 상징적 정보를 전달하는 상황이다.

'라스베이거스의 교훈'에서 제기된 생각들은 초판이 나왔을 때보다 지금 더 널리 받아들여지는 것 같다. 몇몇 고집불통을 제외한 대부분 건축가들은 우리가 라스베이거스에서 배운 것, 또한 그들이 배워야 하는 것이 샹젤리제에 네온사인을 설치하자거나 수학관 지붕 위에 번쩍거리는 '2+2=4'를 올리자는 것이 아닌, 건축에서 상징성의 역할을 재평가하자는 것, 그 과정에서 다양한 취향과 가치관을 새로이 수용하는 법을 배우자는 것, 그리고 사회 속의 건축가로서 우리 역할을 인식하고 디자인 과정에서 다시금 겸손해지자는 것임을 깨닫고 있는 듯하다. 우리 세기 마지막 25년을 위한 건축은 최근의 무리하고 과장된 건물들에 비해 사회적으로 덜 고압적이고 미학적으로는 더 생동감 있는 모습이어야 한다. 우리 건축가들은 로마와 라스베이거스에서, 그리고 우리가 있는 곳 어디서든 주변을 살핌으로써 이를 배울 수 있다.

필라델피아 웨스트 마운트 에어리에서

데니스 스콧 브라운

PART I

A&P 주차장의 중요성, 혹은 라스베이거스의 교훈

§ 1부에 이어 나오는 스튜디오 노트에서 본문과 동일한 소제목 아래 실린 자료를 참조하시오.

§ A&P 주차장의 중요성,
혹은 라스베이거스의 교훈

작가의 글감은 스스로 발견했다고 생각하는 현실들로만 이루어지지 않는다. 작가가 사는 시대의 문학과 관용표현들이 만들어내는 세계, 그리고 그 시대에까지 생명력을 유지해온 과거의 문학들이 제공하는 이미지들이 함께 글감을 이룬다. 작가는 자신에게 잘 맞는 글감이라면 모방하고, 그렇지 않다면 패러디함으로써 자기 느낌을 표현한다. [1]

기존의 풍경에서 배운다는 것은 건축가에게 혁명적인 방식이다. 이는 파리를 다 허물고 새로 시작하자는 1920년대 르코르뷔지에의 제안처럼 명백한 방식이 아니라 우리가 대상을 어떻게 보고 있는지에 의문을 제기하는 보다 관용적인 방식이다.

상업가로, 특히 그 중에서도 전형적이라 할 라스베이거스 상업가로는(도판 1, 2) 건축가에게 긍정적 시각, 무조건 나쁘게 보지 않는 시각을 요구한다. 건축가들은 비판적이지 않은 시선으로 주변을 바라보는 법을 잊어버렸다. 진보와 이상, 순수, 심지어 혁명을 추구하는 정통 모던 건축이 기존의 상태에 대한 불만족을 출발점으로 삼기 때문이다. 모던 건축은 허용성과 거리가 멀다. 건축가들은 이미 있는 것을 개선하기보다는 완전히 바꿔버리기를 더 선호한다.

하지만 평범하고 흔한 것에서 영감을 얻는 일은 전혀 새롭지 않다. 순수 예술은 자주 민속 예술을 모방한다. 18세기 낭만주의 건축가들은 기존의 평범하고 소박한 건축을 재발견했다. 초기 모던 건축가들은 기존의 산업적 어휘를 거의 변형하지 않고 빌려썼다. 르코르뷔지에는 곡물 운반 승강기와 증기선을 사랑했다. 바우하우스 건물은 공장처럼 보였다. 미스 반 데어 로에는 미국 철제 공장의 디테일을 다듬어 콘크리트 건물에 옮겼다. 모던 건축가들은 비유, 상징, 이미지를 통해 작업한다. 구조상 꼭 필요

---

1) Richard Poirier, "T. S. Eliot and the Literature of Waste," The New Republic (May 20, 1967), p. 21.

도판 1. 남서쪽으로 바라본 라스베이거스 상업가로

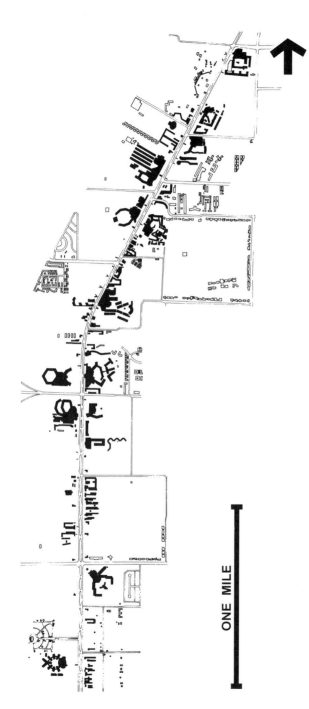

ONE MILE

도판 2. 라스베이거스 상업가로 지도

한 것이나 프로그램을 제외한, 다른 형태의 구성요소들을 지나치게 부정하고 있지만 말이다. 또한 모던 건축가들은 예상을 벗어난 이미지에서 영감과 비유, 자극을 끌어 낸다. 배움의 과정에는 역설이 존재한다. 미래로 나아가려면 역사와 전통을 돌아보아 야 하고 위로 올라가려면 아래를 내려다보아야 한다. 나중의 더 나은 판단을 위한 현 재의 판단 보류는 방법이다. 이것이 모든 것에서 배우는 길이다.

§ 상업적 가치와 상업적 방식

이 책에서 라스베이거스는 오로지 건축적 커뮤니케이션 현상으로서 분석된다. 고 딕 성당 구조 분석에 중세 종교의 도덕성 논쟁이 배제되듯 라스베이거스 자체의 가 치 문제는 여기서 다루지 않는다. 상업 광고, 게임 산업, 경쟁 본능 등의 도덕성 측면 은 일단 제쳐둔다. 실상 우리는 건축가의 더 넓고 종합적인 과업에 그런 측면이 마땅 히 포함되어야 하며 이 연구는 그 과업의 일부에 불과할 것이라 믿고 있지만 말이다. 이런 맥락에서 드라이브인 교회 분석은 드라이브인 식당 분석과 동일할 수 있다. 내용 이 아닌 방식에 대한 연구여서 그렇다. 건축의 한 변수를 다른 변수들과 분리시켜 분 석하는 것은 존중할 만한 과학적, 인문학적 방법이지만 이는 결국 모든 변수가 디자인 단계에서 다시 종합된다는 조건 하에서만 그렇다. 오늘날 미국의 도시 특성을 분석하 는 작업은 우리 건축가들이 도심 재건축(inner-city renewal)과 신규 개발 설계에서 이해 심을 더 발휘하고 권위를 덜 내세우도록 가르침을 줄 수 있기에 사회적으로 유용하다. 더불어 이 책에서 분석되는 상업적 설득의 방법 및 간판들(signs)의 스카이라인이 공공 의 목표와 문화적 발전을 위해 기여하지 못하라는 법도 없다. 하지만 이는 건축가 혼 자 할 수 있는 일은 아니다.

광고판은 나쁘지 않다

원시 버나큘러(vernacular) 건축의 교훈을 받아들여 '건축가 없는 건축' 전시를 쉽게 받아들이는 이들도, 또한 산업 버나큘러 건축을 받아들여 전자적, 공간적 버나큘러에 쉽게 적응한 정교한 신(新) 야수주의자(Brutalist)나 거대 구조물의 신(新) 구성주의자들도, 여간해서는 상업적 버나큘러의 가치를 인정하지 못한다. 예술가들은 낡은 것이나 기존의 것을 선택함으로써 새로운 것을 창조하곤 한다. 팝 아티스트들이 바로 그러했다. 기존의 상업 건축을 고속도로 스케일에서 재인식하는 우리 접근 역시 그 전통을 이어받은 것이다.

모던 건축은 상업적 버나큘러를 나름대로 개선, 개발, 일반화하고자 시도하였으므로 그것을 완전히 배제했다고 보기는 어렵다. 그렇지만 순수 예술과 저급 예술의 결합은 거부했다. 이탈리아의 풍경 속에는 늘 통속적인 것과 비트루비우스가 공존하고 있다. 두오모 주변의 콘토르니가 그렇고, 대저택의 화려한 출입구 건너편에 널려 있는 빨래가 그러하며, 로마네스크 양식 돌출 벽면을 배경으로 한 주유소가 그렇다. 반면 우리 분수에서는 벌거벗은 아이들이 놀지 않는다. 페이는 66번 도로에서 결코 행복하지 않을 것이다.

공간으로서의 건축

건축가들은 이탈리아 풍경의 한 요소인 피아자(piazza 광장)에 매료되어 왔다. 전통적이고 보행자 중심이며 정교하게 닫힌 이 공간은 66번 도로나 로스앤젤리스의 혼란스러운 공간에 비해 좋아하기가 훨씬 쉽다. 건축가들은 공간을 중심으로 교육받으므로 닫힌 공간은 가장 다루기 용이한 대상이다. 지난 40년 동안 모던 건축 이론가들은 (프랭크 로이드 라이트와 르코르뷔지에는 때로 예외였다) 건축을 회화, 조각, 문학으로부터 구분해 주는 핵심 요소라며 공간에 초점을 맞추었다. 그들의 정의는 공간이라는 독특한 매체를 중심으로 하였다. 조각과 회화도 때로 공간적 특징을 가지지만 조각적 건축, 혹은 회화적 건축이란 있을 수 없었다. 공간은 성스러운 개념이었기 때문이다.

순수주의 건축은 부분적으로는 19세기 절충주의(eclecticism)에 대한 반작용이었다. 고딕 교회, 르네상스 은행, 자코비안 저택은 대놓고 회화적이었다. 양식의 혼합은 매체의 혼합을 의미했다. 과거 양식으로 꾸며진 건물은 과거로의 명백한 연결이자 낭만적 암시이면서 문학적이고 성스럽고 민족적인, 혹은 프로그램적인 상징성을 전달한다. 프로그램과 구조를 위한 공간과 형태라는 건축의 정의는 더 이상 충분하지 않았다. 여러 분야와 중복되면서 건축은 그 경계가 다소 모호해졌으나 그 의미는 한층 풍성해졌다.

모던 건축가들은 회화, 조각, 그래픽이 건축과 결합되던 도상학 전통을 버렸다. 신전 탑문에 정교하게 새겨진 상형문자, 로마 아키트레이브의 전형적인 조각, 성 아폴리나레 성당의 모자이크, 지오토의 예배당 곳곳에 있는 문양, 고딕 양식 출입문 주변의 구조적 위계 원칙, 심지어는 베네치아 주택의 환상적 프레스코까지 모든 것이 건축 공간에 대한 장식 기능을 넘어서 메시지를 지니고 있다. 모던 건축에서도 예술과의 결합을 나쁘게 보지는 않는다. 하지만 미스 반 데어 로에 건축 작품에 그림을 그리는 일은 없었다. 그림 패널은 숨겨진 조인트로 연결될 뿐 구조와 동떨어져 있었다. 조각 작품은 건물 안이나 근처에 놓일 뿐 건물 벽에 새겨지지 않았다. 예술 작품은 건축 공간을 강조하는 용도였지 나름의 의미는 갖지 못했다. 미스 반 데어 로에의 바르셀로나 파빌리온에 놓인 콜베 조각품은 공간을 돋보이게 하는 역할 뿐이었다. 메시지는 건축적으로 전달되었다. 대부분의 모던 건축물에서는 '숙녀용'과 같은 꼭 필요한 메시지만이 아주 작은 형태로 표시된다. 사소한 악센트 요소라 해도 마지못해 덧붙여지는 것이다.

상징으로서의 건축

예술에서 '대중적 상징이 몰락했다'고 보는 비평가와 역사가들은 내용의 표현이나 강화로서의 형태 상징성을 회피하는 정통 모던 건축가들을 옹호했다. 의미는 알려진 기존 형태에 대한 비유가 아니라 형태의 본질적 인상적 특징을 통해 소통되어야 한다는 것이었다. 건축적 형태는 과거 경험의 이미지에서 벗어난 논리적 과정을 통해, 프로그램과 구조에 의해서만 결정되는 것이며 드물게 직관이 작용한다고 앨런 콜쿤도 설명하였다.[2]

하지만 최근의 일부 비평가들은 추상적 형태에서 과연 어느 정도까지 내용이 나올 수 있겠냐고 의문을 제기한다. 기능주의자들이 그들의 주장과는 달리 예술 사조와 산업적 버나큘러로부터 나름의 형태 어휘를 얻었다고 설명하는 이들도 있다. 아키그램과 같은 이후의 추종자들 역시 비슷하게 팝 아트와 우주 산업으로 방향을 돌렸다. 반면 대부분의 비평가들은 대중 상업 예술에 지속적으로 나타나는 도상, 즉 '뉴요커' 지의 광고 페이지부터 휴스턴의 거대 광고판에 이르기까지 우리 주변에 넘쳐나는 설득 문구는 제대로 포착하지 못하고 있다. 19세기 절충주의 때 상징 건축이 쇠락했다는 이론에 매달려 고속도로 변 연출된 건축물의 가치를 보지 못한다. 설사 도로변의 절충주의를 인식하는 경우에도 이는 한 세기 전 양식이자 십여 년 전의 클리셰일 뿐이라고 폄하한다. 이것이 폄하의 이유가 되는가? 오늘날 시간은 얼마나 빨리 흐르는가.

델라웨어 남부 황량한 고속도로변에 있는 마이애미 비치 모던 모텔은 지루한 운전자들에게 호사스러운 열대 리조트를 연상시키고 버지니아 경계선 넘어 모텔 몬티첼로라는 멋진 농장 숙소를 포기하도록 만들지 모른다. 진짜 마이애미에 있는 호텔은 브라질 리조트의 국제양식 아류(international stylishness)를 암시하는 것이고 이 유행은 다시 르 코르뷔지에의 중기 국제양식(International Style)에서 나온 것이다. 고급 원천에서 중

---

2) Alan Colquhoun, "Typology and Design Method," Arena, Journal of the Architectural Association (June 1967), pp. 11-14.

급 원천을 거쳐 하급 원천에 이르는 진화 과정에는 고작 30년이 걸렸다. 오늘날의 중급 원천인 1940년대와 50년대의 신(新) 절충주의 건축은 그 상업적 적용 결과물보다 덜 흥미롭다. 에드 스톤(Ed Stone)에 대한 길가 광고문구가 실제 에드 스톤보다 더욱 흥미롭다.

§ 공간 속 형태에 앞서는 공간 속 상징
- 커뮤니케이션 체계로서의 라스베이거스

모텔 몬티첼로의 간판인 거대한 치펀데일 하이보이(Chippendale highboy) 모양의 실루엣은 모텔이 나타나기 전부터 고속도로에서 볼 수 있다. 이러한 양식의 건축과 간판(sign)은 반(反) 공간적이다. 공간보다는 커뮤니케이션을 우위에 두는 것이다. 커뮤니케이션이 공간을 압도하고 건축과 풍경의 요소가 된다(도판 1~6). 하지만 이는 풍경의 새로운 스케일을 위한 것이다. 옛 절충주의의 철학적 연결은 미묘하고 복합적인 의미를 불러일으키고 그 의미는 전통적인 풍경 속 다루기 쉬운 공간 안에서 음미된다. 도로변 절충주의의 상업적 설득은 큰 공간, 빠른 속도, 복합적인 프로그램이라는 새로운 풍경의 거대하고 복합적인 환경에 대담한 충격을 불러 일으킨다. 다양한 양식과 간판들이 서로 떨어져 있으며 빠르게 시야에 들어오는 여러 요소들을 연결한다. 메시지는 천박하게 상업적이다. 맥락은 근본적으로 새롭다.

30년 전의 운전자는 공간 속에서 방향감각을 유지할 수 있었다. 단순한 교차로에는 화살표가 그려진 작은 표지판까지 서서 이미 명백한 방향을 다시 확인시켰다. 누구든 자기가 어디 있는지 알았다. 하지만 교차로가 클로버 잎 모양으로 바뀌자 좌회전하려면 일단 우회전해야 했다. 이 모순적 상황은 앨런 다칸젤로의 작품에서 통렬하게 드러난다(도판 7). 운전자가 그 위험한 곡선 미로의 역설에 대해 곰곰이 생각해볼 시간따위는 없다. 운전자는 표시(signs)에 의존해 길을 잡는다. 고속으로 통과하는 드넓은 공간에 서 있는 거대한 표시에.

보행자 스케일에서 상징이 공간을 압도하는 현상은 거대한 공항에서 나타난다. 큰 기차역에서의 동선은 택시에서 내려서부터 매표창구, 상점, 대합실, 플랫폼을 지나 객차에 이르기까지 사실상 표지판이 없는 단순한 선형체계 이상을 요구하지 않는다. 건축가들은 "평면이 분명하다면 누구나 어디로 가야하는지 알 수 있다."면서 건물에 표지판을 반대한다. 하지만 복합적인 프로그램과 환경이라면 공간 속의 구조, 형태, 빛이라는 순수 건축의 세 요소를 넘어서는 복합적인 매체의 혼합이 필요해진다. 은근한 표현보다는 뚜렷한 소통의 건축이 요구된다.

§ 설득의 건축

입체교차로(클로버 잎 모양 교차로)와 공항은 차를 타거나 걸어서 움직이는 대중들과 효율성 및 안전성을 위해 커뮤니케이션한다. 상업적 설득을 위한 공간에서도 언어와 상징이 동원된다(도판 6, 28). 중동의 바자르에는 간판이 없다. 반면 라스베이거스의 상업가로는 간판 투성이다(도판 8). 바자르에서 커뮤니케이션은 근접성을 통해 이루어진다. 좁은 통로를 따라 걸어가는 손님들은 물건의 냄새를 맡고 만져본다. 상인은 직접 언어적 설득을 펼친다. 중세 도시 좁은 골목길의 경우 간판이 달려 있기는 했지만 구매 설득은 빵집 창문과 문틈으로 보이는 케이크와 냄새를 통해 주로 이루어졌다. 메인 스트리트에서는 보행자들을 위한 쇼윈도와 자동차 운전자를 위한 외부 수직 간판 두 가지가 거의 동등한 비중으로 풍경을 점령한다.

상업가로에 있는 슈퍼마켓은 창문에 제품을 진열하지 않는다. 그날의 할인상품 안내판이 붙어 있을 수는 있지만 이는 주차장에서 걸어 들어오는 보행자들을 위한 것이다. 도시에서 늘 그렇듯 건물 자체는 고속도로에서 물러나 있고 주차된 자동차들에 반쯤 가려지기까지 했다(도판 9). 드넓은 주차장이 슈퍼마켓 뒤가 아닌 앞에 위치하는 이유는 편리함 때문일 뿐 아니라 이것 자체가 상징이기 때문이다. 건물은 단층이다. 에어컨 설비를 위해서, 또한 2층은 마케팅에 좋지 않아서 그렇다. 찻길에서 거의 보이지 않는 건물인 만큼 건축은 평범하다. 상품과 건축 모두가 찻길에서 단절된 상태

도판 3. 라스베이거스 듄스 카지노 앤 호텔

도판 4. 라스베이거스 결혼 예배당

도판 5. 라스베이거스 스타더스트 카지노 앤 호텔

도판 6. 라스베이거스 야간 메시지

도판 7. 앨런 다칸젤로(D'Arcangelo) 작 '여행(The Trip)'

DIRECTIONAL SPACE

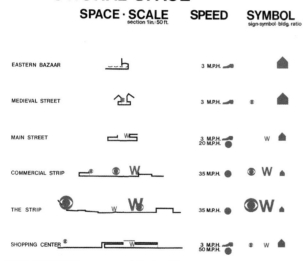

	SPACE · SCALE section 1 in. : 50 ft.	SPEED	SYMBOL sign·symbol·bldg. ratio
EASTERN BAZAAR		3 M.P.H.	
MEDIEVAL STREET		3 M.P.H.	
MAIN STREET		3 M.P.H. 20 M.P.H.	
COMMERCIAL STRIP		35 M.P.H.	
THE STRIP		35 M.P.H.	
SHOPPING CENTER		3 M.P.H. 50 M.P.H.	

도판 8. 방향 공간(directional space)의 비교 분석

도판 9. 외곽 슈퍼마켓의 주차장

도판 10. 라스베이거스 상업가로의 타냐 간판

도판 11. 북쪽으로 바라본 상업가로(lower Strip)

이다. 운전자를 상점과 연결시키기 위해 커다란 간판이 높이 걸렸고 전국 단위 제조업체들이 설치한 케이크 믹스와 세제 광고판이 고속도로 방향으로 서 있다. 공간 속의 이들 그래픽 표지판은 풍경의 건축이 된다(도판 10, 11). 안으로 들어가면 A&P가 바자르로 변모한다. 상인의 언어적 커뮤니케이션이 그래픽 포장지로 대체되었을 뿐이다. 또다른 스케일에서, 고속도로를 벗어나 있는 쇼핑센터는 중세 거리의 모습과 같은 보행자 중심의 쇼핑몰이 된다.

§ 역사적 전통과 A&P에서의 거대 공간

A&P 주차장은 베르사이유 이후 진화해온 거대 공간의 현 상태이다(도판 12). 고속도로와 드문드문 서 있는 낮은 건물 사이에 위치한 이 공간은 닫힌 장소가 아니고 방향성도 거의 없다. 피아자를 통과해 이동하는 것은 높고 닫힌 형태들 사이를 이동하는 것이다. 반면 A&P의 풍경을 통과해 이동하는 것은 거대하게 확장된 텍스처, 상업적 풍경의 메가텍스처 위를 지나는 것이다. 주차장은 아스팔트 풍경의 궁전 정원(parterre)이다(도판 13). 주차선들 무늬는 마치 베르사이유의 보도 포장 무늬, 경계석, 경계선, 푸른 잔디밭(tapis vert)이 그렇듯 방향성을 부여한다. 늘어선 가로등은 오벨리스크, 항아리와 동상들이 그렇듯 거대 공간에 정체성과 연결성을 부여한다. 하지만 메가텍스처의 정체성을 결정하고 통합시키는 것은 조각적 형태와 회화적 실루엣을 갖추고 치우쳐진 모양에 그래픽 의미를 담아 공간 속 특정 위치를 차지한 고속도로 광고판들이다. 공간 속에서 언어적 상징적 연결을 만들어내는 이 표시판들은 멀리서 달려오는 차들에게 단 몇 초 만에 수백 가지 연상을 낳고 복합적인 의미를 소통한다. 상징이 공간을 지배하는 것이다. 건축은 충분치 않다. 공간적 관계는 형태보다 상징을 통해 만들어지고 이 때문에 이 풍경 속 건축은 공간 속 형태라기보다는 공간 속 상징이 된다. 건축이 규정할 수 있는 것은 극히 적다. 커다란 광고판과 작은 건물이 66번 도로의 규칙이다.

VAST SPACE

SPACE·SCALE
section,1in.=200ft.

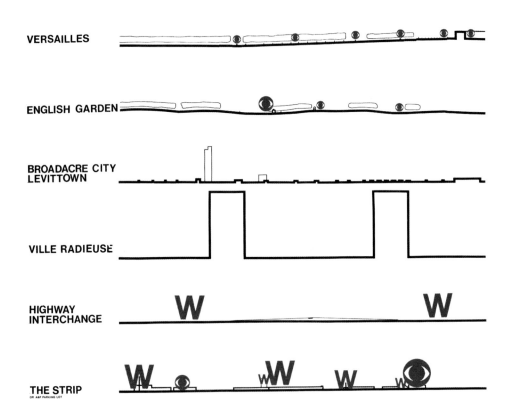

VERSAILLES

ENGLISH GARDEN

BROADACRE CITY
LEVITTOWN

VILLE RADIEUSE

HIGHWAY
INTERCHANGE

THE STRIP
OR A&P PARKING LOT

SPACE · SCALE · SPEED · SYMBOL

도판 12. 거대 공간(vast spaces)의 비교 분석

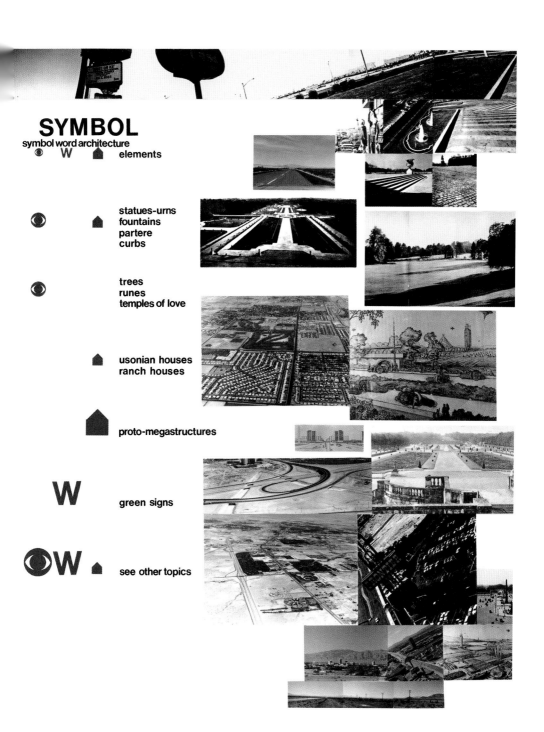

SYMBOL

symbol word architecture

◉ W ▲ elements

statues-urns
fountains
partere
curbs

trees
runes
temples of love

▲ usonian houses
ranch houses

■ proto-megastructures

W green signs

◉W ▲ see other topics

도판 13. 라스베이거스 얼랜딘 카지노 앤 호텔

도판 14. '신의 고물상(God's Own Junkyard)'에 나오는
'롱 아일랜드 더클링(The Long Island Duckling)'

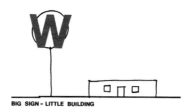

BIG SIGN - LITTLE BUILDING

OR

BUILDING IS SIGN

도판 15. 큰 간판 - 작은 건물 혹은 간판으로서의 건물

SCALESPEEDSYMBOL

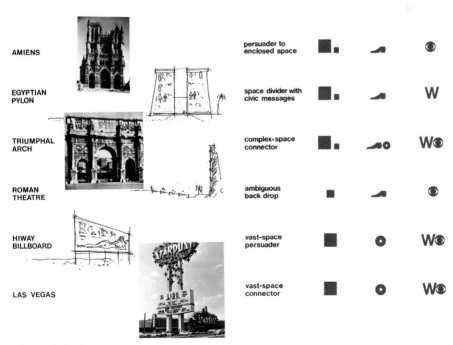

도판 16. 공간 속 "광고판(billboards)"의 비교 분석

광고판은 건축보다 더 중요하다. 이는 사업자의 예산에서도 드러난다. 전면 간판은 천박하고 야단스러운 볼거리이고 뒤쪽의 건물은 소박하게 필수 요소만 갖췄다. 저렴한 것은 건축이다. 때로 건물 자체가 상징(Sign)이 되기도 한다. 오리 모양을 한 오리 가게인 '롱 아일랜드 더클링(The Long Island Duckling)'은(도판 14, 15) 조각적 상징이자 건축적 셸터(shelter)이다. 안쪽과 바깥쪽의 모순은 모던 사조 이전부터 흔했고 특히 도심과 기념비 건축에서 그러했다(도판 16). 바로크 돔은 공간 구축인 동시에 상징이었는데 도시 풍경을 지배하고 상징적 메시지를 커뮤니케이션 하기 위해 안쪽보다는 바깥쪽이 더 크고 높게끔 만들어졌다. 미국 서부 상점의 겉치레 앞면(false fronts)도 마찬가지다. 상점의 중요성을 알리고 거리의 격과 통일성을 높이기 위해 상점 안쪽보다 앞면을 더 크고 높게 만드는 것이다. 하지만 겉치레 앞면들은 메인 스트리트의 질서와 스케일에 따라 좌우되었다. 오늘날 서부 고속도로 변의 사막 도시에서 우리는 소통을 위한 비(非)순수 건축의 새롭고 생생한 교훈을 배울 수 있다. 사막처럼 회갈색을 띠고 고속도로에서 분리되어 뒤로 물러나 있는 작고 낮은 건물들, 그리고 그러한 건물에서 떨어져 나와 고속도로와 수직을 이루며 서 있는 크고 높은 표지판 형태로서의 겉치레 앞면에서 말이다. 표지판을 치워버리면 장소도 없어진다. 이 사막 도시는 고속도로변에서 강화되는 커뮤니케이션이다.

로마에서 라스베이거스까지

라스베이거스는 사막 도시의 정점이다. 1960년대의 라스베이거스 방문은 1940년대 말의 로마 방문과도 같았다. 자동차 스케일의 격자형 도시와 이전 건축 세대의 반(反)도시 이론에만 익숙하던 1940년대 젊은 미국인들에게 전통적인 도시 공간, 보행자 스케일, 다양한 양식들이 혼합된 (그리고 연결된) 이탈리아 피아자는 중요한 계시와도 같았다. 그들은 피아자를 재발견했다. 이십여 년 후 건축가들은 거대한 열린 공간, 대규모, 빠른 속도와 관련해 동일한 교훈을 얻어낼지도 모른다. 라스베이거스와 상업가로의 관계는 로마와 피아자의 관계와 같다.

로마와 라스베이거스 사이에는 다른 평행 관계도 있다. 예를 들어 캄파냐 평원과 모하비 사막이라는 탁 트인 배경은 두 도시의 이미지를 초점화하고 명료화한다. 한 편 로마와 달리 라스베이거스는 하루아침에 이루어졌다. 상업가로는 아주 짧은 시간 내에 자연 그대로의 사막에 건설되었다. 이는 반(反) 종교개혁으로 순례자들이 찾았 던 로마와 동양 도시들의 상업가로처럼 과거의 유형들 위에 겹쳐진 것이 아니다. 그 리하여 라스베이거스는 연구하기가 조금 더 쉽다. 로마와 라스베이거스는 모두 원형 (prototype)이라기보다는 전형(archetype)인 도시들이고 전형성의 교훈을 뽑아내기 위한 과장된 사례들이다. 각각의 도시는 지역적 조직 위에 초국가적 스케일의 요소들을 겹 쳐놓는다. 종교 수도(religious capital) 안의 교회들, 오락 수도(entertainment capital) 안의 카지노와 간판들처럼 말이다. 그리고 이로 인해 두 도시의 사용과 스케일이 극적인 병 렬관계를 이룬다. 로마의 교회, 거리, 피아자들은 대중에게 열려 있다. 종교나 건축의 순례객들은 이 교회에서 저 교회로 자유롭게 돌아다닌다. 라스베이거스를 찾은 도박 꾼이나 건축가들도 상업 가로를 따라 늘어선 카지노를 자유롭게 드나든다. 라스베이 거스의 카지노와 로비는 장식적이고 기념비적이며 보행자 대중에게 개방된다. 오래된 은행과 기차역 몇 곳만 예외인데 이는 미국 도시들 중에서 독특하다. 18세기 중엽 놀 리가 그린 로마 지도는 공용 공간과 사적 공간의 섬세하고 복잡한 연결을 드러내준다 (도판 17). 회색으로 칠해진 사적 건물들은 공용 공간에 의해 안팎으로 깎여져 있다. 지붕이 있거나 없거나 이들 공용 공간은 짙은 색 기둥을 통해 세부적으로 묘사된다. 교회 내부는 피아자나 궁전 뜰처럼 보이면서 다양한 특징과 스케일을 드러낸다.

§ 라스베이거스 지도

라스베이거스 상업가로를 놀리 방식대로 지도에 표현하면 사적 공간과 공용 공간 이 분명히 드러나겠지만 주차장이 포함되면서 스케일이 커질 것이고 또한 사막의 열 린 공간 때문에 흰색과 회색 비율이 반대가 될 것이다. 항공사진으로 놀리 요소들을 나타내면 상업가로 체계의 흥미로운 단면도를 얻게 된다(도판 18). 분리되고 재정립 된 이들 요소는 미개발지, 아스팔트, 자동차, 건물, 그리고 종교의식 공간이다(도판 19

a-e). 재조합된 이들 요소는 순례자의 길을 서술하듯이 라스베이거스를 서술한다. 놀리의 지도처럼 그 경험의 도상적 측면은 없지만 말이다(도판 20).

　　라스베이거스의 전통적인 토지 이용 지도는 다른 용도와 비교해 상업용도가 압도적인 구조를 보여주지만 그 사용 유형이나 강도에 대한 상세 정보는 없다. 하지만 카지노 컴플렉스 내부의 '토지 이용' 지도들은 모든 카지노들이 공유하는 체계적인 배치 계획을 보여주기 시작한다(도판 21). 상업가로의 '주소'와 '시설' 지도는 사용 강도와 다양성을 모두 나타낸다(도판 22). 분포 지도는 라스베이거스 뿐 아니라 다른 도시에도 존재하는 교회, 식료품점의 패턴(도판 24, 25), 그리고 상업가로를 끼고 나타나는 고유한 결혼 예배당과 자동차 대여소 패턴(도판 26, 27)도 보여준다. 라스베이거스의 분위기 특성은 표현하기가 극히 힘들다. 이는 조도(도판 23), 활기, 도상학에 크게 의존하기 때문이다. 하지만 '메세지 지도', 관광 지도, 브로슈어 같은 것들이 그 일부를 전달한다(도판 28, 71).

§ 메인 스트리트와 상업가로

　　라스베이거스 거리 지도는 격자형 평면도 위에서 두 가지 스케일의 움직임을 보여준다. 메인 스트리트의 움직임, 그리고 상업가로의 움직임이 그것이다(도판 29, 30). 라스베이거스의 메인 스트리트는 프리몬트 거리이고 예전에는 이 거리의 네 블록 중 세 블록을 따라 카지노 밀집 지역 두 곳이 자리 잡고 있었다. 이곳의 카지노들은 찰칵거리거나 딸랑 소리를 내는 게임기들이 보도 바로 옆에 나와 있어 시장 같은 분위기이다(도판 32). 프리몬트 거리의 카지노와 호텔은 길 머리의 철도 차량기지를 중심점으로 했다. 철도 스케일과 메인 스트리트 스케일의 움직임이 여기서 연결되었던 것이다. 차량기지 건물은 이미 사라졌고 그 자리에 호텔이 들어섰으며 이제는 버스 터미널이 시내로 이어지는 관문이 되어 붐빈다. 하지만 프리몬트 거리에서 철도 차량기지로 이어지는 축은 여전히 눈에 보이며 상징적이기까지 하다. 2차 이후의 카지노 개발이 남쪽, 즉 제트 스케일(jet-scale) 도시 진입로인 공항을 향해 뻗어간 상업가로와 대조되는 모습이다(도판 23, 24, 42, 43, 52, 54).

라스베이거스 건축물로 처음 보게 되는 것이 공항 건물이다. 에로 사리넨의 케네디
국제공항 TWA 터미널 선조격인 건물이다. 이 건축적 이미지 하나를 지나면 도시의
인상은 공항에서 대여한 자동차로 맞춰진다. 그리고 공항과 도심을 연결하는 91 도로
인 그 유명한 상업가로의 혼란스러운 풍경이 펼쳐진다(도판 33).

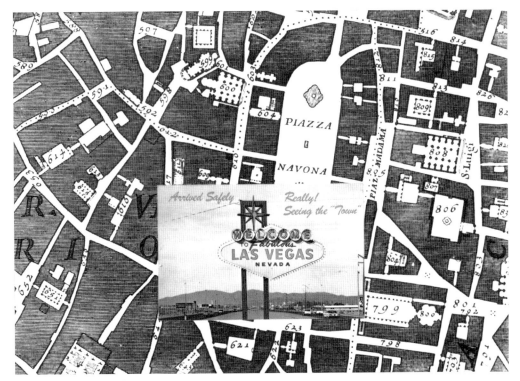

도판 17. 놀리(Nolli)의 로마 지도

도판 18. 상업가로(upper Strip) 항공사진

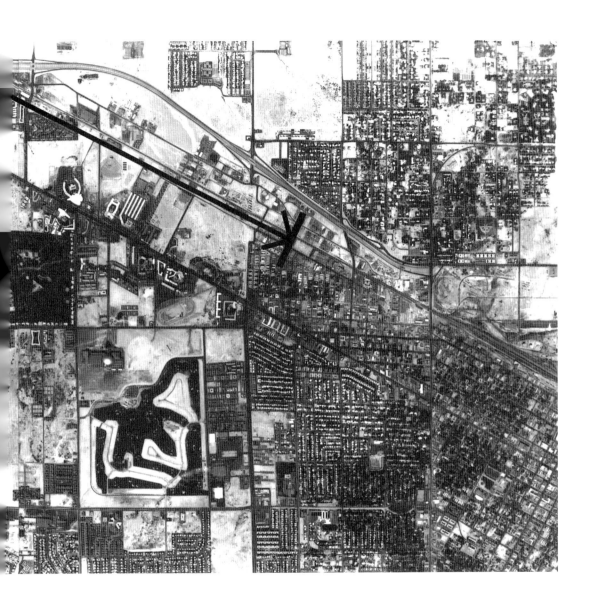

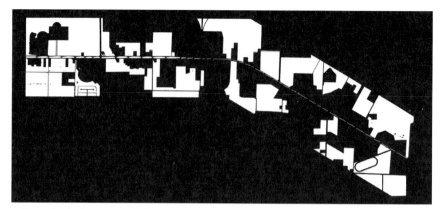
도판 19a. 상업가로(upper Strip), 미개발지

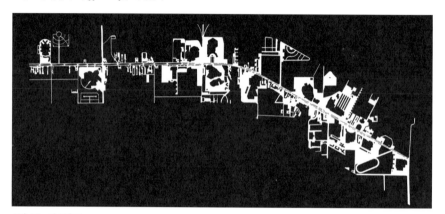
도판 19b. 아스팔트

도판 19c. 자동차

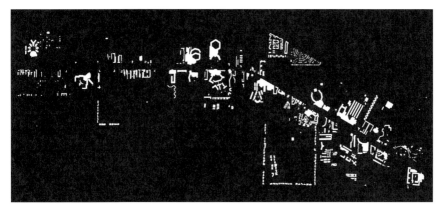

도판 19d. 건물

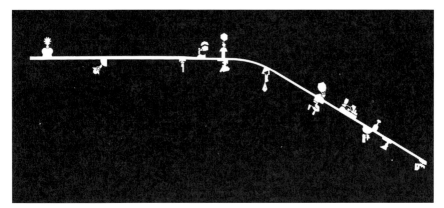

도판 19e. 의식 공간

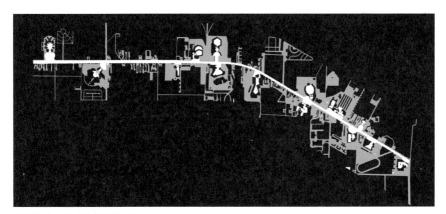

도판 20. 놀리의 라스베이거스 지도

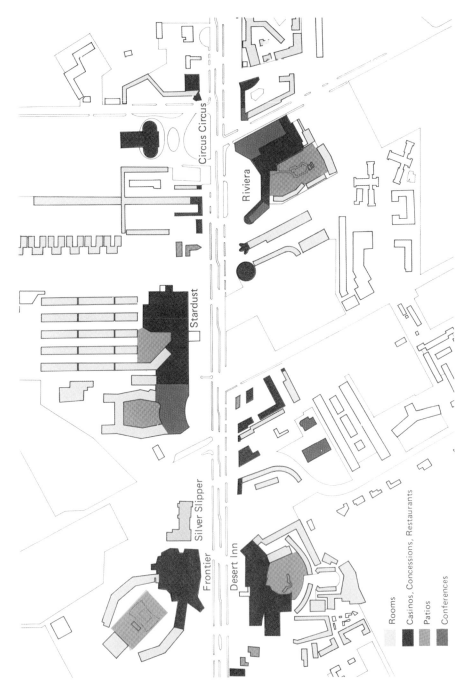

도판 21. 건물 안 용도를 보여주는 라스베이거스 상업가로 지도

Circus Circus

Riviera

Stardust

Silver Slipper

Frontier

Desert Inn

Rooms
Casinos, Concessions, Restaurants
Patios
Conferences

66

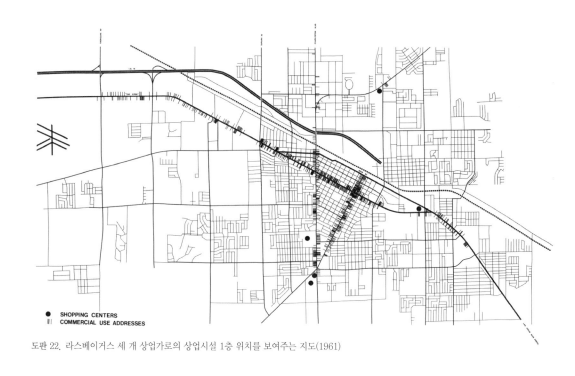

SHOPPING CENTERS
COMMERCIAL USE ADDRESSES

도판 22. 라스베이거스 세 개 상업가로의 상업시설 1층 위치를 보여주는 지도(1961)

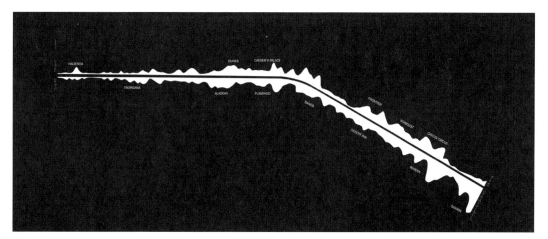

도판 23. 상업가로의 조도

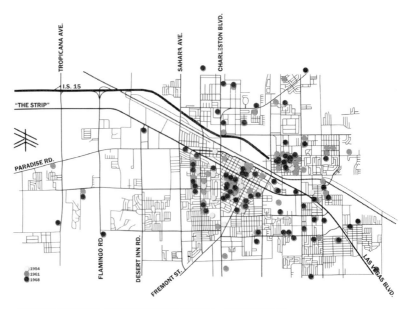

COMPARATIVE ACTIVITY PATTERNS: CHURCHES

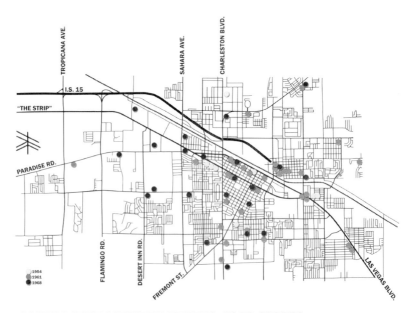

COMPARATIVE ACTIVITY PATTERNS: FOOD STORES

도판 24-27. 활동 패턴을 비교하는 지도들: 교회, 식료품점, 결혼예배당, 자동차 대여소의 분포

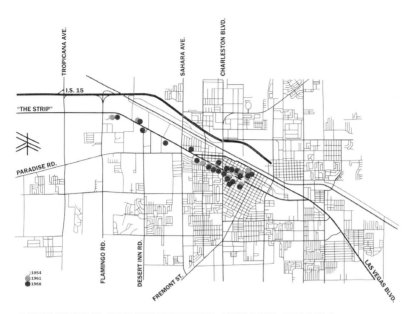

COMPARATIVE ACTIVITY PATTERNS: WEDDING CHAPELS

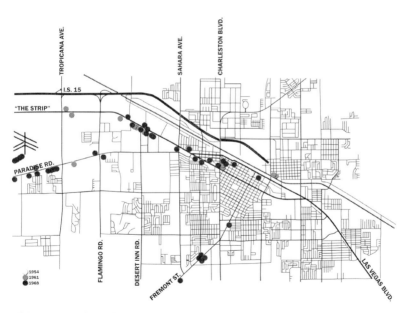

COMPARATIVE ACTIVITY PATTERNS: AUTO RENTALS

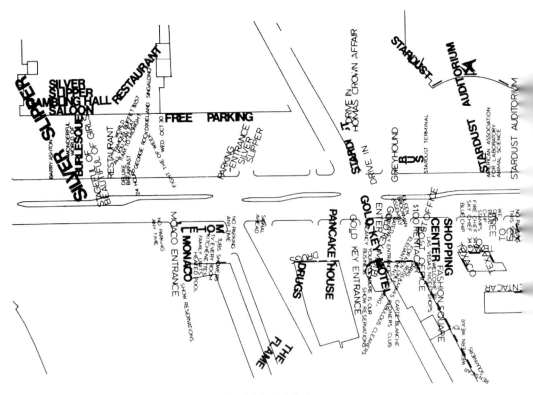

도판 28. 길에서 보이는 모든 글씨를 보여주는 라스베이거스 상업가로 (상세) 지도

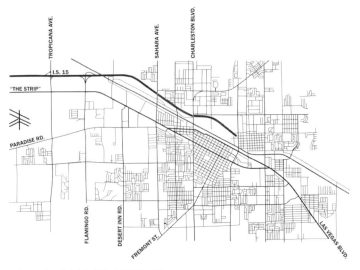

도판 29. 라스베이거스 상업가로 도로 지도

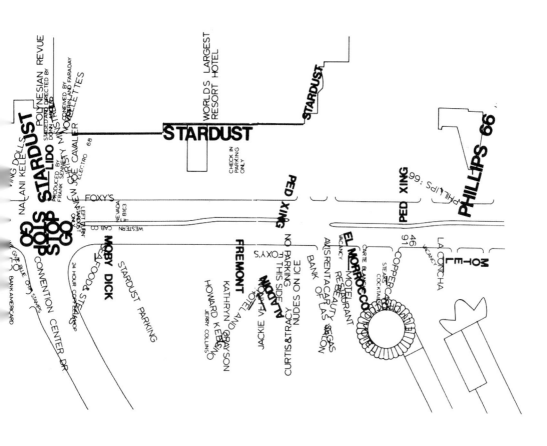

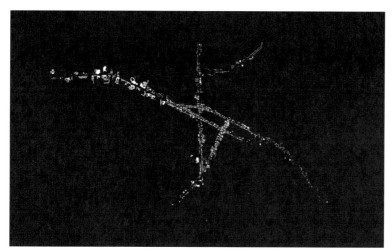

도판 30. 라스베이거스 세 개 상업가로의 건물들을 보여주는 지도

도판 31. 프리몬트 거리

STARDUST   I STRIP WEST SIDE

도판 33. 에드워드 루샤(Ruscha) 식의 상업가로 입면도 상세. 그랜드 커낼(Grand Canal)과 라인(Rhine)으로 만들어진 관광객 지도는
그 궁전들이 이루는 거리를 보여준다. 루샤는 선셋 스트립 (상업가로)으로 하나를 만들었다.
우리는 라스베이거스 상업가로를 위해 그것을 모방했다.

도판 32. 프리몬트 거리 카지노 입구

§상업가로의 체계와 질서

상업가로의 이미지는 혼란이다. 그 풍경에서 질서는 불분명하다(도판 34). 연속적인 고속도로, 그리고 고속도로의 방향전환 체계는 명백히 일관된다. 도로 중간에는 카지노 여기저기를 오가는 운전자들에게 필요한 중앙 분리대와 유턴 공간, 그리고 상업가로와 교차하는 골목으로 들어가기 위한 좌회전이 마련되어 있다. 커브 컷은 카지노와 다른 상업 시설로 가기 위한 잦은 우회전을 가능케 하고 고속도로에서 주차장으로의 어려운 이동을 쉽게 만든다. 가로등은 상업가로의 많은 부분이 간판으로 충분히 밝은 상태이므로 썩 필요한 것이 아니지만 그 형태와 위치의 규칙성, 그리고 아치 형태가 낮 시간에는 고속도로의 연속적 공간을 드러내고 뒤쪽 간판들의 불규칙한 리듬과 대조되는 항상적 리듬을 이룬다(도판 35).

이 대위법은 상업가로의 두 가지 질서 유형, 즉 거리 요소들의 명백한 시각적 질서와 건물 및 간판의 복합적인 시각적 질서 사이 대조를 강화한다. 고속도로 안은 공유된 질서의 공간이다. 고속도로 바깥은 개인적 질서의 공간이다(도판 36). 고속도로의 요소들은 공공적이다. 건물과 간판은 사적이다. 이들은 함께 결합해 연속성과 불연속성, 진행과 멈춤, 명료함과 모호함, 협력과 경쟁, 공동체와 단호한 개인주의를 아우른다. 고속도로 체계는 출구와 입구의 정밀한 기능에, 또한 시퀀스 전체로서의 상업가로 이미지에 질서를 부여한다. 고속도로 체계는 또한 개개 기업이 성장하고 그 성장의 방향을 통제할 수 있는 장소를 만들어낸다. 이는 도로 양쪽의 다양화와 변화를 허용하고 개별 기업의 대위법적 경쟁 질서의 배경이 된다.

고속도로 양쪽을 따라 질서가 존재한다. 상업가로에서는 주유소, 소규모 모텔, 수백만 달러가 투입된 카지노 등 다양한 활동들이 병치된다. 방갈로에 네온 장식 첨탑을 올려 만든 ('신용카드 결제도 가능한') 결혼 예배당들은 메인 스트리트가 끝날 때까지 어디나 나타난다. 한 상점에서 다른 상점으로 걸어서 이동하는 메인 스트리트와 달리 관련된 용도의 즉각적 인접성은 상업가로에서는 필요하지 않다. 자동차와 고속도로로 상호작용이 이루어지기 때문이다. 인접한 카지노들 사이를 오갈 때에도 거리 때문에

차를 타게 된다. 사이에 위치한 주유소도 부적절하지 않다.

상업가로의 변화와 영속성

광고판의 노후화율은 건물보다는 자동차의 노후화율에 가까운 것 같다. 물리적 쇠퇴가 아닌 주변 경쟁자들의 행동에 좌우된다는 이유에서 말이다. 광고판 회사들의 리스 시스템, 그리고 세금 신고에서의 전액 비용 처리 가능성도 한몫을 한다. 상업가로에서 가장 특징적이고 기념비적인 부분인 광고판과 카지노 파사드들은 가장 변화무쌍한 부분이기도 하다. 앞편의 끊임없는 얼굴 바꾸기와 주제 전환의 연속 속에서도 살아남는 것은 뒷편의 중립적인 시스템-모델 구조물이다. 알라딘 호텔과 카지노의 경우 전면은 무어 양식이고 뒷면은 튜더 양식이다(도판 13).

라스베이거스는 제2차 세계 대전 이후에 급속히 발전했다(도판 37-40). 새로운 호텔과 광고판이 서고 프리몬트 거리와 뒤쪽의 주차장이 네온 장식된 주차 건물로 교체되는 등 매년 눈에 띄는 변화가 일어났다. 예배실들이 합쳐진 가톨릭 교회처럼, 양식적인 기둥들이 늘어선 고딕 성당처럼 골든 너겟 카지노는 간판 하나 걸린 건물에서 간판으로 완전히 뒤덮인 건물로 바뀌었다(도판 41). 스타더스트 호텔은 확장하면서 작은 식당과 호텔을 흡수했고 세 건물의 파사드를 통합해 무려 600피트(180미터) 길이의 컴퓨터 프로그램 동작 네온사인을 설치했다.

§ 상업가로의 건축

화려하게 번쩍이는 카지노들은 하나하나 모두 독특한 것으로 보인다. 차별화에 역점을 두는 훌륭한 광고 기법도 여기에 기여한다. 하지만 실상 이들 카지노들에는 공통점이 많다. 같은 태양 아래 같은 상업가로에 서서 같은 역할을 하고 있으니 말이다. 상업가로의 카지노들은 프리먼트 거리의 다른 카지노들과, 또한 카지노가 없는 다른 호텔들과 차이가 난다(도판 42, 43).

전형적인 호텔 카지노 컴플렉스는 주차된 차량들 너머로 도로에서 바로 보일 정도로 고속도로에 가까운 건물을 포함해야 하지만 그러면서도 그 건물은 진입로, 회차 구역, 주차장 등을 갖출 수 있을 만큼은 뒤로 물러앉아야 한다. 전면 주차장은 상징적이다. 고객에게 확신을 주면서도 건물을 가리지는 않는다. 전면 주차장은 귀빈 주차장이다. 호텔−카지노 컴플렉스 측면에 위치한 대규모 주차장에서는 호텔로 곧장 진입할수 있으며 이 주차장 역시 고속도로에서 볼 수 있다. 건물 뒤쪽에 주차하는 일은 거의없다. 고속도로의 이동 스케일과 공간 스케일은 건물 사이 거리와 관련되는데, 건물들이 서로 멀리 떨어져 있으므로 빠른 속도로 이동할 때 함께 읽힐 수 있다. 상업가로의 앞면은 한 때 메인 스트리트에서 누렸던 가치에 아직 도달하지 못했고 주차장은 여전히 적절한 충전제이다. 건물 사이의 넓은 공간이 상업가로의 특징이다. 메인 스트리트인 프리몬트 거리가 상업가로보다 훨씬 더 사진에 담기 좋다는 점은 중요하다. 메인스트리트의 경우 엽서 한 장에 골든 호스슈, 민트 호텔, 골든 너겟, 럭키 카지노 모습이 다 들어간다. 하지만 상업가로 엽서 풍경은 그에 한참 못 미친다. 그 거대한 공간은움직이는 시퀀스로 시야에 들어와야 한다(도판 44, 45).

컴플렉스의 측면 입면도는 중요하다. 접근하는 차량들에게 측면은 전면보다 더 먼거리부터, 더 오랫동안 노출되기 때문이다. 영국 중세 양식에 절반을 목재로 처리한알라딘의 길고 낮은 모텔 측면 및 율동적인 박공 지붕은 주차 공간 너머에서(도판 46), 이웃한 텍사코 주유소의 거대한 입상과 여러 간판들 사이로, 또한 카지노 전면의 모던중동 풍과 대조되면서 전체적으로 읽힌다. 상업가로의 카지노 전면은 오른쪽 차선 차량들을 환영하기 위해 그 형태와 장식이 오른편에 치우치는 일이 많다. 모던 양식들(Modern Styles)은 평면상 대각선으로 이루어진 차량 출입 정문(portes cocheres)을 사용한다. 브라질리아노이드(Brazilianoid) 국제 양식들은 자유로운 형태를 사용한다.

주유소, 모텔, 더 단순한 다른 건물들도 고속도로 쪽으로 구성 요소의 위치와 형태가 치우치도록 하는 방식을 따른다. 앞면과 달리 건물 뒷면에는 아무 양식도 없다.

모든 관심은 앞면에 집중되고 뒷면은 아무도 보지 않기 때문이다. 주유소들은 보편적인 형태를 과시한다(도판 47). 집 근처의 친근한 주유소와 똑같게 다가가는 것이 목표이다. 하지만 이곳에서 주유소는 제일 환하게 밝은 곳이 아니다. 이는 여기 주유소들을 자극한다. 모텔은 어디서든 모텔이다(도판 48). 하지만 여기서는 주변과 경쟁해야 한다는 필요 때문에 형상화의 열기가 뜨겁다. 예술적 효과가 확대된다. 라스베이거스의 모텔은 다른 무엇과도 다른 독특한 간판을 내걸고 있다. 그 열정은 카지노와 결혼 예배당의 중간쯤이다. 결혼 예배당은 도시의 여러 토지 이용이 그렇듯 형태 특정적이지 않다(도판 49). 이는 보다 일반화된 건물 유형(방갈로나 상점 전면)이 가질 수 있는 연속적 용도들의 중 하나이다. 하지만 결혼 예배당 양식이나 이미지는 네온으로 빛나는 상징적 장식의 사용을 통하여 유지되고 내부 활동은 서로 다르게 주어진 평면에 맞추어 적용된다. 상업가로에도 다른 도시 거리처럼 거리 가구가 존재하지만 썩 두드러지지는 않는다.

시내를 벗어나 상업가로와 모하비 사막 사이의 유일한 경계는 녹슨 맥주캔 지역이다(도판 50). 시내에서 이런 전환은 몹시 갑작스럽다. 전면을 고속도로 쪽으로 세심하게 배치한 카지노들은 정돈되지 않은 뒷면을 지역 환경 쪽으로 보이며 거주 형태, 기계 설비 공간, 서비스 구역을 드러낸다.

도판 34. 이 풍경의 질서는 명백하지 않다.

도판 35. 상업가로(upper Strip)의 가로등

도판 36. 북쪽으로 바라본 상업가로(upper Strip)

도판 37. 1905년 8월의 라스베이거스

도판 38. 1910년의 라스베이거스 프리몬트 거리

도판 39. 1940년대의 라스베이거스 프리몬트 거리

도판 40. 1960년대의 라스베이거스 프리몬트 거리

TYPES OF CHANGE

(A) Layerings of Façades & Plans
to expand spatially & stylistically

{
① Stardust Hotel façade (by decades)
② Gothic Cathedrals (by generations)
}

(B) Competitive Increases in Signs and Symbols

{
① Las Vegas Signs
② San Gimignano Towers
}

(C) The Strip becomes a Place

{
① Convention Center & International Hotel
② the Shopping Center
}

(D) Building becomes Sign

① the Golden Nugget

(E) The Evolution of Parking on "Main Street"

① The Golden Nugget on Fremont

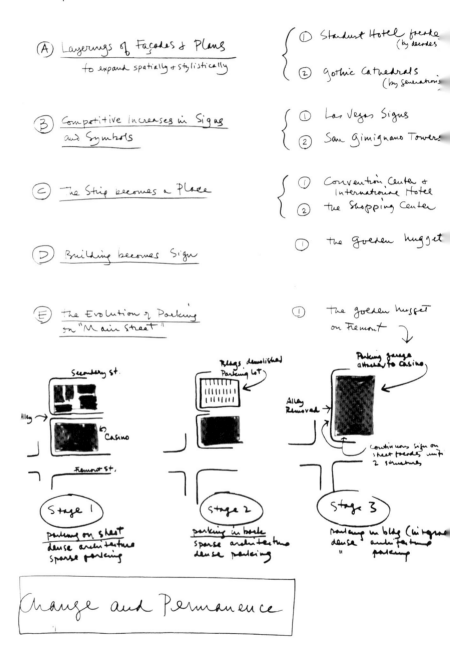

Secondary st.

Alley →

Casino

Fremont St.

Bldgs demolished Parking Lot

Parking garage attached to Casino

Alley Removed →

Continuous sign on sheet façades unit 2 structures

Stage 1
parking on street
dense architecture
sparse parking

Stage 2
parking in block
sparse architecture
dense parking

Stage 3
parking in bldg (integral)
dense architecture
" parking

Change and Permanence

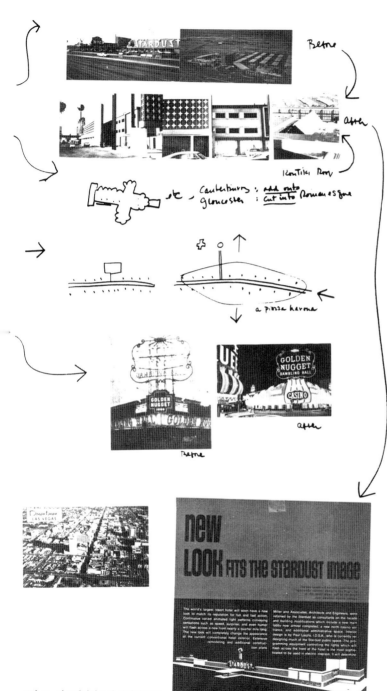

두판 41. 라스베이거스의 물리적 변화

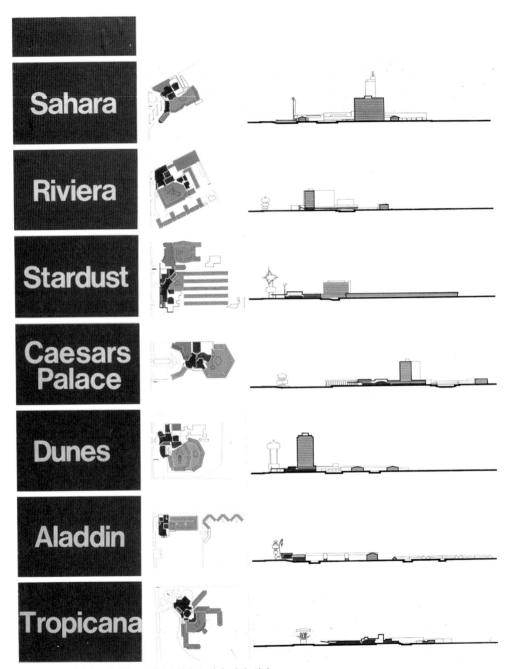

도판 42. 라스베이거스 상업가로 호텔들의 일람표: 평면, 단면, 입면

Panorama	Front	Side	Parts	Entrance	Parking

Oasis	Foliage	Sign	Sculpture	Interior	Aerial	Style
						Miami Moroccan
						International Jet Set Style
						Arte Moderne Hollywood Orgasmic Organic Behind
						Yamasaki Bernini cum Roman Orgastic
						Niemeyer Moorish
						Moorish Tudor (Arabian Knights)
						Bauhaus Hawaiian

도판 43. 라스베이거스 상업가로 호텔들의 일람표: 평면, 단면, 입면

도판 44. 프리몬트 거리 호텔과 카지노

도판 46. 알라딘 카지노 앤 호텔

도판 45. 상업가로에서 북쪽으로 이동하는 영상 시퀀스 일부

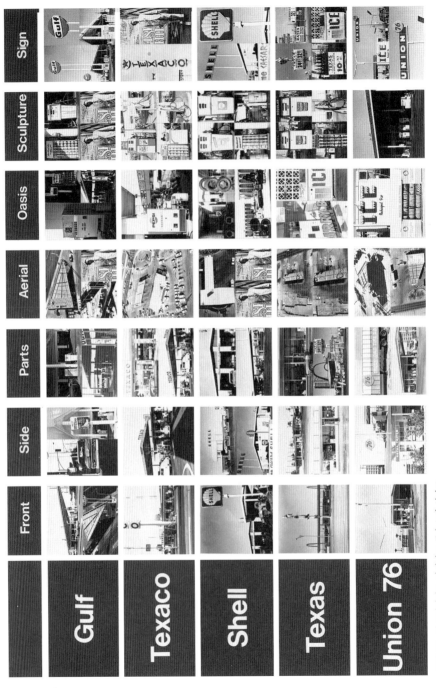

도판 47. 라스베이거스 상업가로 주유소의 일람표

도판 48. 라스베이거스 상업가로 모텔의 일람표

도판 49. 라스베이거스 상업가로 결혼 예배당의 일람표

도판 50. 사막에서 바라본 상업가로

인테리어 오아시스

카지노 건물 후면이 '자동차에서 보이는 풍경(autoscape)'의 시각적 영향력을 위한 앞면과 다르다면, 내부는 다른 이유로 인해 외부와 대비된다. 전면 출입문 이후의 인테리어 시퀀스는 게임 영역, 식당 영역, 오락 영역, 쇼핑 영역, 호텔로 이어진다. 측면에 주차하고 들어오는 이들은 이 시퀀스를 깨뜨린다. 하지만 전체 흐름에서 초점이 되는 것은 게임 공간이다. 라스베이거스 호텔에서 투숙 수속대는 예외 없이 로비를 들어선 고객의 시야 뒤쪽에 위치하며 앞에는 게임용 탁자와 기계가 놓여 있다. 로비 자체가 게임 공간이다. 그 환경에서 과장스럽게 분리된 인테리어 공간과 파티오는 오아시스의 특성을 지닌다.

§ 라스베이거스의 조명

게임 룸은 늘 아주 어둡다. 반면 파티오는 늘 아주 밝다. 하지만 두 공간 모두 폐쇄적이다. 게임 룸에는 창문이 없고 파티오는 하늘 쪽으로만 뚫려 있다. 게임 룸이 어둡고 폐쇄적인 것은 프라이버시, 보안, 집중, 통제를 위해서이다. 낮은 천장 아래 복잡하게 펼쳐진 미로는 바깥의 빛이나 공간과 절대 연결되지 않는다. 그 안에 들어간 사람은 공간과 시간 개념을 잃어버린다. 자신이 어디 있는지, 지금이 몇 시인지 추적할 수 없다. 정오와 자정의 조명이 완전히 동일하므로 시간은 무한하다. 경계를 뚜렷이 하기보다는 모호하게 만드는 인공 조명 때문에 공간 역시 무한하다(도판 51). 조명은 공간을 명확히 하기 위한 것이 아니다. 벽과 천장은 빛을 반사하지 않고 흡수해 어둡게 만든다. 공간은 폐쇄되었지만 모서리가 어둡기 때문에 무한하다. 빛의 원천인 샹들리에, 주크박스를 닮은 반짝이는 게임 머신들은 벽과 천장에서 독립되어 있다. 조명은 반(反)건축적이다. 로마를 통틀은 것보다 더 많은 발다키노(baldacchini 위쪽으로 드리운 장식천)들이 조명을 받으며 사하라 호텔의 어둡고 무한한 식당 식탁 위로 드리워져 있다.

인공 조명과 에어컨이 작동하는 인테리어는 광장 공포를 일으킬 만큼 거대한 자동차 스케일의 사막이 내뿜는 빛과 열기를 보완한다. 하지만 카지노 뒤 모텔 파티오의 인테리어는 말 그대로 적대적 환경 속 오아시스이다(도판 52). 오가닉 모던 양식이든 네오클래식 바로크 양식이든 여기에는 앞마당, 물, 녹지, 친밀한 스케일, 닫힌 공간 등 클래식 오아시스의 기본 요소들이 포함된다. 수영장, 야자수, 풀밭, 기타 수입 원예 작물들이 포장된 앞뜰에 배치되고 그 주변에 호텔 객실들이 배치된다. 프라이버시를 위해 객실 발코니나 테라스는 앞뜰 쪽으로 나 있다. 방금 전까지 있었던 사막의 아스팔트에서 위험하게 달리던 자동차들 때문인지 이곳의 비치 파라솔과 일광욕 의자는 더 절절하게 느껴진다. 라스베이거스 사막에 있는 보행자 오아시스는 웅장한 알함브라 궁전이고, 이는 유용하기보다는 상징적인 수영장을 가진 모텔 안뜰과, 이국적 인테리어의 간소하고 낮은 식당, 아기자기한 상점을 갖춘 미국 가로 형식 쇼핑몰의 발현이다.

§ 건축적 기념성, 그리고 크고 낮은 공간

라스베이거스의 카지노는 거대하고 낮은 공간이다. 예산과 에어컨 효율 때문에 높이가 낮아진 공공 인테리어 공간의 전형(archetype)이라 할 만하다. (일면경이 설치된 낮은 천장은 바깥쪽에서 게임 룸을 구경할 수 있도록 하기도 한다.) 과거에는 건물 크기가 지주 사이 거리(span)에 좌우되었고 높이는 상대적으로 달성하기 쉬운 목표였다. 오늘날은 지주 사이 거리가 달성하기 쉬워져 건물 크기는 높이에 대한 기계적 경제적 제한에 좌우된다. 하지만 겨우 3미터(ten feet) 높이의 기차역, 식당, 쇼핑 아케이드는 우리 환경 속 기념성에 대한 태도 변화를 반영하기도 한다. 과거에는 지주 사이 먼 거리와 그에 걸맞은 높이가 건축적 기념성의 요소였다(도판 53). 하지만 우리의 기념비는 휴스턴 애스트로돔, 링컨 센터, 국가 보조금으로 지은 공항과 같은 간헐적인 역작(tour de force)이 아니다. 이들은 크고 높은 공간이 자동적으로 건축적 기념성을 만들지는 못한다는 점을 증명한다. 우리는 펜실베이니아 역의 기념비적 공간을 지상 운행 전철로 바꾸었고 그랜드 센트럴 터미널의 공간은 장대한 광고 매체로 변모시켜 유지하고 있다. 따라서 시도한다고 해서 건축적 기념성을 달성하기란 극히 어렵다. 우리의 돈과 기술은 큰 스케일의 통일되고 상징적인 건축 요소를 통해 공동체 결속성을 표현해 왔던 전통적인 기념성에 쓰이지 않는다. 어쩌면 우리의 성당은 신도석 없는 예배당이라고, 또한 극장이나 야구장을 제외하면 대규모 일상적 공동 공간은 그저 익명의 개인들이 서로 간의 명백한 연결 없이 공존하는 공간일 뿐이라고 인정해야만 하는지도 모른다. 앨코브(alcove 벽감)를 갖춘 어두운 식당의 크고 낮은 미로들은 라스베이거스 카지노가 그렇듯 함께 있음과 분리됨을 결합한다. 카지노의 조명은 낮은 공간에 새로운 기념성을 이루어낸다. 어둡고 닫힌 공간 안에서 통제되며 작동하는 인공 색색의 조명은 물리적 경계를 희미하게 만듦으로써 공간을 확장하고 통합시킨다. 사람들은 이제 경계가 정해진 피아자가 아닌, 밤의 도시 반짝이는 빛 안에 있게 된다.

§ 라스베이거스 스타일

라스베이거스 카지노는 복합 형태(combination form)이다. 가장 규모가 큰 시저스 팰리스의 컴플렉스 프로그램에는 게임 룸, 식당과 연회장, 나이트클럽과 강당, 상점, 완벽한 호텔이 포함된다. 스타일 또한 복합적이다. 전면 콜로네이드(colonnade 열주)는 평면도 상으로는 베르니니의 성 베드로 성당 양식이지만 그 어휘나 스케일에서는 야마자키 양식이다(도판 54, 55). 푸른색과 황금색 모자이크는 갈라 플라치디아의 초기 기독교도 무덤 양식이다. (그 원형(prototype)의 바로크 대칭 형태 때문에 이 파사드는 오른쪽으로 치우쳐지지 못했다.) 그 뒤 위쪽은 지오 폰티의 피렐리 바로크 양식의 반듯한 건물이고 그 다음에야 이어서 네오 클래식 풍의 낮은 현대적 모텔이 나온다. 경제적 고려는 최근 추가된 부분에서 대칭성을 깨뜨렸다. 하지만 이 새로운 건물과 다양한 스타일들은 에드 스톤 스크린의 편재성에 의해 통합된다. 조경 역시 절충적이다. 이 성 베드로 피아자 안에는 상징화된 주차장이 있다. 주차된 차들 사이로 카를로 모데르노(Carlo Maderno)의 두 개 분수 대신 다섯 개 분수가 있고 빌라 데스테(Villa d'Este)의 사이프러스들도 주차장 경관에 한 획을 긋는다. 쟌 볼로냐(Gian Bologna)의 '겁탈당하는 사빈느의 여인들(The Rape of the Sabine Women) 조각상, 비너스와 다윗 상이 약간의 해부학적 과장을 담고 차량 출입 정문 주변 지역을 우아하게 만든다. 비너스 상을 절반으로 가르며 그 지역 2번 사무실임을 나타내는 에이비스(Avis) 간판이 설치되었다(도판 56 58).

시저스 팰리스와 상업가로의 복합체는 그 절충적 축적(eclectic accumulations)이라는 면에서 후기 로마 포럼(Forum)의 양식 혹은 정신에 접근한다. 하지만 클래식한 플라스틱 기둥이 늘어선 시저스 팰리스 간판은 로마보다는 에트루리아 느낌이다(도판 59, 60). 그 간판은 옆의 듄스 호텔 간판이나 맞은편 셸 주유소 간판만큼 높지 않지만 아랫 부분이 로마 백인대장 조각상들로 꾸며졌다(도판 61). 올덴버그의 햄버거처럼 래커칠이 된 백인대장들은 자동차로 가득한 도로를 넘어 사막의 제국과 그 뒤의 산맥을 바라보고 있다. 과일 쟁반을 든 호위대 조각상은 안쪽의 축제분위기를 전달하고 중서부 관광객들의 가족사진 배경이 되어준다. 미스 반 데어 로에 풍의 대형 라이트박스 간판들은 잭 베니와 같이 한물갔지만 값비싼 엔터테이너들의 출연을 1930년대 극장 풍 글씨체로 알린다. 이 글씨체는 장식적이라서 베니 뿐 아니라 로마식 아키트레이브(architrave)에도 적절할 듯하다. 라이트박스들은 아키트레이브에 있지 않다. 중심에서 벗어난 기둥에 위치해 고속도로와 주차장 쪽으로 치우쳐 있다.

§ 라스베이거스 간판(signs)

간판은 건물보다 한층 더 고속도로를 향한다. 건물로부터 독립되있고 조각적이거나 회화적인 대형 간판은 고속도로 변에 직각으로 놓인 그 위치, 스케일, 그리고 때로는 모양까지도 치우쳐 있다. 알라딘 호텔 앤 카지노 간판은 꺾인 모양 때문에 마치 고속도로를 향해 절을 하는 듯 보인다(도판 62). 이 간판은 3차원이고 부분적으로는 회전도 한다. 듄스 호텔 간판은 한층 솔직하다. 2차원이고 뒷면이 앞면을 그대로 반복하지만 22층 높이에다가 밤에는 번쩍인다(도판 63). 프리몬트 거리 91 가의 민트 호텔 간판은 몇 블록 떨어진 카지노 쪽으로 치우쳐 있다. 라스베이거스의 간판들은 언어, 그림, 조각 등 혼합된 매체를 사용하여 설득하고 정보를 전달한다. 하지만 밤과 낮의 간판은 대조적이다. 햇빛 아래에서는 여러 색깔 조각상으로, 해를 등지고는 검은 실루엣으로 작용하던 간판이 밤이 되면 빛의 원천이 된다. 낮에는 회전하다가 밤이 되면 빛의 놀이가 펼쳐진다(도판 64-67). 클로즈업과 먼 거리 스케일이 모두 포괄된다(도판 68). 세계에서 가장 긴 간판인 선더버드, 그리고 가장 높은 간판인 듄스가 모두 라스베이거스에 있다. 어떤 간판들은 상업가로를 따라 높이 늘어선 호텔들과 멀리서는 거의 구분이 가지 않기도 한다. 프리몬트 거리의 파이오니어 클럽 간판은 말을 한다. 18미터(60 feet) 높이의 카우보이가 매 30초마다 "잘 지내나 친구(Howdy Pardner)"라고 인사말을 건네는 것이다. 알라딘 호텔의 큰 간판은 똑같이 생긴 작은 새끼 간판으로 주차장 입구를 표시하고 있다. 톰 울프(Tom Wolfe)는 '이 간판들이란! 이들이 이루는 형태들 앞에서는 미술사 연구의 기존 어휘가 모두 소용없을 정도이다. 어떤 이름을 붙이면 좋을까? 부메랑 모던(Boomerang Modern)? 팔레트 곡선(Palette Curvilinear)? 플래시 고든 밍 얼러트 나선(Flash Gordon Ming-Alert Spiral)? 맥도널드 햄버거 포물선(McDonald's Hamburger Parabola)? 민트 카지노 타원(Mint Casino Elliptical)? 마이애미 비치 콩팥모양(Miami Beach Kidney)?'라고 썼다.[3] 건물 또한 간판이다. 밤이면 프리몬트 거리의 모든 건물이 빛나지만 조명을 반사하기 때문은 아니다. 촘촘히 박힌 네온 튜브로 빛을 내는 것이다. 다양성 속에서 익숙한 셸과 걸프 주유소 간판이 낯선 땅의 친숙한 표지로 두드러진다. 하지만 라스베이거스에서 이들 주유소는 카지노와 경쟁하기 위해 다른 곳보다 세 배나 높이 간판을 세운다.

§ 수용(inclusion)과 어려운(difficult) 질서

앙리 베르그손은 무질서를 우리가 볼 수 없는 질서라 불렀다. 상업가로에서 저절로 생겨난 질서는 복합적인 질서이다. 도시 재건축 프로젝트의 쉽고 경직된 질서도, 메가

---

3) Tom Wolfe, The Kandy-Colored Tangerine-Flake Streamline Baby (New York: Noonday Press, 1966), p. 8.

스트럭처의 멋들어진 '토털 디자인'도 아니다. 이와 달리 이 질서는 최근 건축적 이론과 반대뇌는 방향이다. 브로드에이커 시티(Broadacre City), 아니 브로드에이커 시티의 졸렬한 모방이지만 프랭크 로이드 라이트의 미국 풍경에 대한 예견을 입증한다. 도시 확장 속의 상업가로는 물론 브로드에이커 시티와는 다른 점이 있다. 브로드에이커 시티의 쉽고 동기가 분명한 질서는 전능한 자동차 스케일에서 광활한 공간과 서로 거리를 둔 건물들의 정체성을 결정하고 통합시키려 하였다. 각 건물은 마스터(로이드 라이트 자신)나 텔리에신 펠로우십(로이드 라이트 스튜디오의 사람들)의 손으로 설계되며 싸구려 즉흥 작업이 끼어들 여지는 없다. 보편적인 유소니아(Usonia) 어휘 안에서 비슷비슷한 요소들을 간단히 통제할 수 있어 상업적 상스러움은 당연히 배제된다. 하지만 상업가로의 질서에는 그것이 수용된다. 어울리지 않아 보이는 토지이용의 혼합으로부터 어울리지 않아 보이는 광고 매체의 혼합, 그리고 네오 오가닉 혹은 네오 라이트 (Wright) 풍 식당의 월넛 호마이카 모티브 체계에 이르기까지 모든 차원에서 그렇다(도판 69). 이는 전문가가 지배하는 질서도, 눈에 쉽게 들어오는 질서도 아니다. 움직이는 우리 신체의 움직이는 눈이 변화하고 병치되는 질서들을 찾아내고 해석해야 한다. 이러한 질서는 빅터 바사렐리의 그림에서 배열 형태가 전환되는 것과 비슷하다(도판 70). 이 통일성이란 '그것을 구성하는 요소들의 충돌에 대한 통제를 유지하는, 그저 유지만 하는 것이다. 카오스는 아주 가깝다. 가깝지만 거기에 다다르지는 않기에 힘을 가진다.'[4]

4) August Heckscher, The Public Happiness (New York: Atheneum Publishers, 1962), p. 289.

§라스베이거스의 이미지: 건축의 수용과 암시

톰 울프는 팝아트의 산문을 사용하여 라스베이거스의 강력한 이미지를 전달했다. 하지만 호텔 브로슈어와 관광 안내자료는 다른 것들을 보여준다(도판 71). J.B. 잭슨, 로버트 라일리, 에드워드 루샤, 존 쿠웬호벤, 레이너 밴험, 윌리엄 윌슨 등이 관련 이미지를 이미 상세하게 설명했다. 건축가나 도시 설계자에게 라스베이거스를 마리엔바드, 알함브라, 제너두, 디즈니랜드와 같은 쾌락의 지대(Pleasure Zone)와 비교하는 것은 쾌락 지대 건축의 이미지의 핵심을 이루는 것이 밝은 빛, 적대적 주변에 둘러싸인 오아시스라는 특성, 고조된 상징성, 방문객을 새로운 역할에 빠져들게 하는 능력임을 알려준다. 방문객은 사흘 동안 자신을 시저스 팰리스 카지노의 백인대장으로, 프론티어 카지노의 군인으로, 리비에라 카지노의 젯세터로 상상할 수 있다. 아이오와 데모인에서 온 세일즈맨이나 뉴저지 헤던필드의 건축가가 아니라 말이다.

하지만 오락 이미지보다 더 중요한 교훈적 이미지, 우리가 뉴저지와 아이오와로 가지고 돌아가야 할 이미지가 있다. 하나는 비너스와 함께 있는 에이비스 렌터카이고 다른 하나는 셸 주유소 옆 클래식한 페디먼트(pediment) 아래의 잭 베니 혹은 수백만 달러 규모 카지노 옆에 자리한 주유소이다. 수용의 건축으로 달성되는 생동감, 아니면 이와 반대로 취향과 토털 디자인에 너무 열중한 나머지 생겨난 정체 상태를 보여주는 장면들이다. 상업가로는 거대한 공간과 속도의 건축에서 상징성과 암시가 갖는 가치를 보여주고 사람들이, 심지어 건축가들까지도 무언가 다른 것, 하렘이나 라스베이거스 안 야생의 서부, 뉴저지의 뉴잉글랜드 선조들 등을 떠올리게 하는 건축에서 재미를 느낀다는 점을 증명한다. 과거나 현재, 주변의 훌륭한 공공 공간, 오래된 클리세 등을 암시하고 언급하는 것, 그리고 성스럽거나 세속적인 일상을 수용하는 것, 바로 이런 것이 오늘날 모던 건축에 결여되어 있다. 우리는 라스베이거스에서 이를 배울 수 있다. 예술가들이 세속적이고 양식적인 원천에서 배워왔던 것처럼 말이다.

도판 51. 시저스 팰리스 관광객 브로슈어

도판 52. 시저스 팰리스 오아시스

OLD
monumentality

The nave

The big
1. HIGH
2. LIT and WINDOWED
3. OPEN
4. SPACE
5. UNCLUTTERED

for communal crowds

1. High for monumentality

2. Lit and windowed: natural & simulated daylight falls on walls to clarify the great architecture

3. Open: to let natural light in and lately to integrate the inside & outside

4. Space: spaciousness for communal crowds

5. Uncluttered: don't clutter up the great archi-tecture

NEW
monumentality

The chapels without the nave

The big
1. LOW
2. GLITTERING-in-the-DARK
3. ENCLOSED
4. MAZE of
5. ALCOVES and
6. FURNITURE

for separate people

1. Low for economy of air conditioning

2. glittering-in-the-Dark: perimeters dark in value, absorbent in texture to obscure extent and character of the architectural enclosure. glittering light sources - mainly ornamental - and recessed ceiling spots to light people and furniture and not architecture.

3. Enclosed to exclude the outside to engender a different style and role inside

4. Maze for crowds of anonymous individuals without explicit connections with each other

5. Alcoves: people are together and yet separate

6. Furniture: objects and symbols dominate archi-tecture

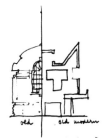

old   old modern

Part II Topic 8 (Building types)

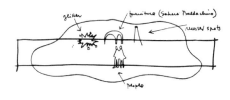

glitter   furniture (Sahara Buddachino)   recessed spots

people

THE ROADSIDE INTERIOR

도판 53. 건축적 기념성과 도로변 인테리어

도판 54. 시저스 팰리스

The grandeur that was Rome...

I, CAESAR . . . command your attention to beauty and wonders beyond even the wildest dreams of any Roman Emperor! Truly a Palace of Pleasure! In the vital heart of pulsating Las Vegas this exciting and lush oasis is breathtaking to behold . . . lavish with gleaming statuary, gorgeous gardens and fabulous fountains! A mighty retinue of toga-clad palace attendants eagerly await your every summons! Come, indulge yourself!

도판 55. 시저스 팰리스 관광객 브로슈어

STATUARY
AT
CAESARS PALACE

CAESARS PALACE takes pride in presenting these magnificently achieved Carrara marble statues, imported from Italy and representing some of the greatest art treasures of modern man.

In tribute to a Roman patron Michaelangelo once observed that the artist and sculptor created their art works to sate their own needs and hungers, but that those who glorified the works of others by displaying these treasures were the most noble of all men, since they were perpetuating a culture for all the world.

The brilliant contemporary sculptor, Sir Henry Moore, said: "Sculpture is an art of free space. It needs daylight, sunlight. Nature seems to be its best setting...." In recognition of this, the CAESARS PALACE landscaping and architecture were designed to achieve the most effective and beautiful setting for these great works of art.

The statues on display at CAESARS PALACE are carved in sparkling white Carrara marble, cut from the mountain in Italy from which Michaelangelo took his stone.

CAESARS PALACE
3570 LAS VEGAS BLVD. SOUTH · LAS VEGAS, NEVADA 89109

VENUS DE MEDICI, by Cleomenes, carved about 100 B.C., is an extraordinary example of the Hellenistic art. The inspiration for this famous statue of the Goddess attempting to cover her nakedness was the Venus of Chidus, and was commissioned by the Medicis family. The Medicis ruled the city of Florence during the days of the Renaissance, a period of artistic splendor and achievement, and they subsidized a number of talented painters and sculptors. This Venus now stands in Galleria Uffizi, in Florence, Italy.

VICTORY AT SAMOTHRACE, by an unknown sculptor, was created about 300 B.C. This winged figure of victory, discovered in the Aegean island of Samothrace, was originally designed for the prow of the ship sailed by Piliocretes. The nobility and beauty of this monumental art work is honored by being given a place of special distinction in the famous Louvre Museum, in Paris, France.

도판 56, 시저스 팰리스 관광객 브로슈어

도판 57-58, 시저스 팰리스 간판과 조각상

도판 59. 시저스 팰리스 간판

도판 60. 피라네시(Piranesi)의 판테온 / 시저스 팰리스 간판

도판 61. 시저스 팰리스 백인대장

라스베이거스의 간판과 건물

도판 62. 알라딘 간판

도판 63. 듄스 호텔과 간판

도판 64-67. 스타더스트 간판

PHYSIOGNOMY OF A TYPICAL CASINO SIGN

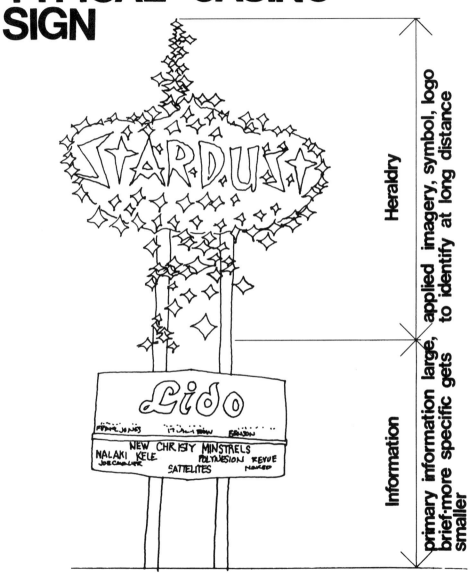

Heraldry — applied imagery, symbol, logo to identify at long distance

Information — primary information large, brief·more specific gets smaller

도판 68. 일반적 카지노 간판의 모습(인상)

Concerning Strip Beautification

a message to the Strip Beautification Commission

Not the image of the Champs Elysées
   trees block views of signs
   grass medians are hard to maintain
   lots of greenery and water raise humidity level
      of city

Best things strip has are signs & architecture

gas stations are all night
   their standard image plays against the unique
      architecture of the hotels
   (in fact the gas stations are tasteful in
      comparison with the hotels)

Model should be the Near East:
   Tile
   Mosaics
   Maximum effect with a minimum amount of water
   + Electro-graphics

The Median of the Strip should be paved in gold

Remember the floors of the parking lots

도판 69. 상업가로 미화 위원회에 보내는 메시지

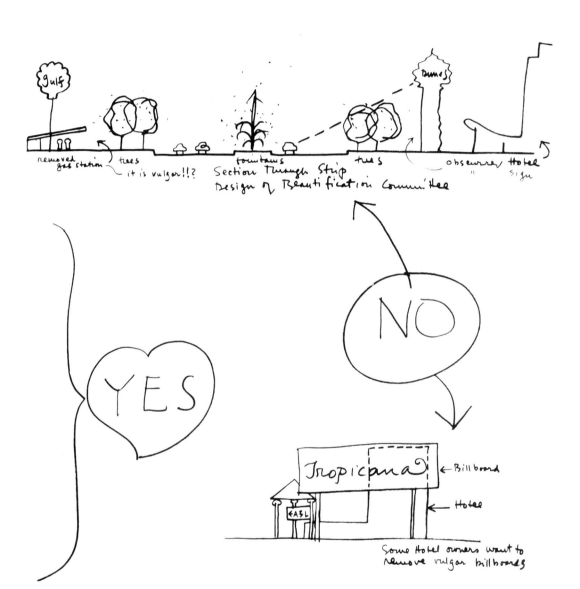

gulf

removed gas station — trees — it is vulgar!!?

fountains

Section Through Strip
Design of Beautification Committee

trees

Dunes

observer / Hotel sign

YES

NO

Tropicana ← Billboard

EASL

← Hotel

Some Hotel owners want to remove vulgar billboards

도판 71. 라스베이거스 관광객 브로슈어

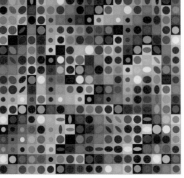

도판 70. 빅터 바사렐리(Vesarely)의 그림

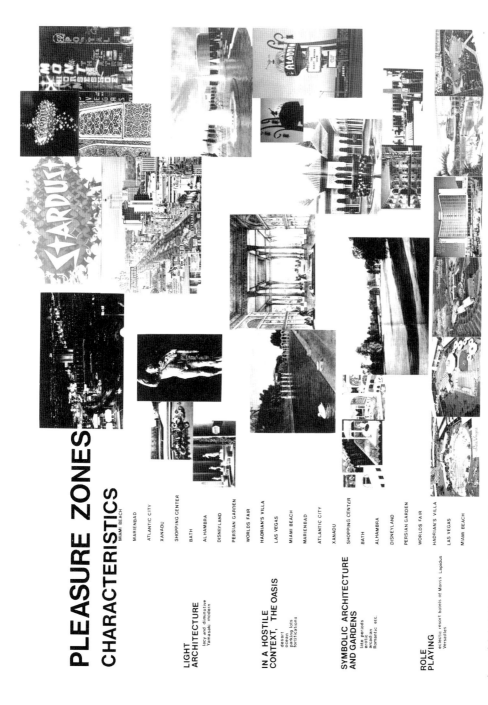

PLEASURE ZONES
CHARACTERISTICS

MIAMI BEACH

MARIENBAD

ATLANTIC CITY

XANADU

SHOPPING CENTER

**LIGHT
ARCHITECTURE**
lacy and diminutive
Yamasaki modern

BATH

ALHAMBRA

DISNEYLAND

PERSIAN GARDEN

WORLDS FAIR

HADRIAN'S VILLA

**IN A HOSTILE
CONTEXT, THE OASIS**
desert
ocean
parking lots
fortifications

LAS VEGAS

MIAMI BEACH

MARIENBAD

ATLANTIC CITY

XANADU

**SYMBOLIC ARCHITECTURE
AND GARDENS**
late periods
erotic
arcadian
Romantic. etc.

SHOPPING CENTER

BATH

ALHAMBRA

DISNEYLAND

PERSIAN GARDEN

WORLDS FAIR

**ROLE
PLAYING**
eclectic resort hotels of Morris Lapidus
Versailles

HADRIAN'S VILLA

LAS VEGAS

MIAMI BEACH

도판 72. 쾌락의 지대(Pleasant Zone)들 비교 분석

팝 아티스트들은 새로운 맥락에서 사용되어 새로운 의미를 끌어낸다는 면에서 낡은 클리세의 가치를 보여주었다. 미술관에 놓인 수프 깡통처럼 일상적인 것이 비일상적인 것으로 바뀌는 것이다. 푸아리에에 따르면 문학에서는 엘리엇과 조이스가 '특정 도시 환경과 상황에 연계된 표현, 리듬, 인공품에 대한 크나큰 취약성'을 보여준다고 한다. 이어 그는 '그것들이 율리시스(Ulysses)의 수많은 양식들을 강하게 지배하고 있어서 소설에서 조이스의 목소리는 간헐적으로 나타날 뿐, 흉내낸 양식과 구분되는 확실한 그의 것이라 할만한 구절은 없다[5]'고 하였다. 푸아리에는 이를 '반(反)창조적(decreative) 충동[6]'이라 불렀다. 엘리엇 자신은 조이스가 '가까이 있는 재료들을 가지고[7]' 최선의 것을 만들어냈다고 말한 바 있다. 한때 중요했던 모던 건축에서 나온 오늘날의 중요하지 않은 예술 작업들에 딱 맞는 레퀴엠이 어쩌면 엘리엇의 '이스트 코우커(East Coker)'[8]의 몇 구절인지도 모른다.

이 시는 그 것을 표현하는 한 방식이었다−별로 마음에 들지 않는다.
낡아빠진 시적 방법으로 에둘러 표현한 하나의 습작이다.
아직도 말과 뜻과의 참을 수 없는 씨름에서
벗어나지 못한 것이다. 시는 중요하지 않다……

5) Richard Poirier, "T. S. Eliot," p. 20.

6) Ibid., p. 21.

7) T. S. Eliot, The Complete Poems and Plays, 1909-1950 (New York: Harcourt, Brace and Company, 1958), p. 125.

8) T. S. Eliot, Four Quartets (New York: Harcourt, Brace and Company, 1943), p. 13.

스튜디오 노트

§ A&P 주차장의 중요성, 혹은 라스베이거스의 교훈 : 스튜디오 연구 과제

예일대 예술·건축대학원, 1968년 가을

공동 저자:
로버트 벤투리
데니스 스콧 브라운
스티븐 아이즈너

학생들:
랠프 칼슨
토니 파머
론 필슨
글렌 호지스
피터 호잇
찰스 콘
존 크란츠
피터 슐라이퍼
피터 슈미트
댄 스컬리
더그 사우스워스
마사 워그너
토니 주니노

스튜디오 프로그램과 작업 주제는 데니스 스콧 브라운이 설계하였다. 참여자들의 기여도는 이 노트에 언급될 것이다. 학생들의 글에서 일부가 인용되는 경우 이름을 덧붙였다.

§ 상업적 가치와 상업적 방식

이것은 기술적인 스튜디오이다. 우리는 새로운 공간과 형태를 이해하기 위한 분석 도구 및 이를 표현하기 위한 그래픽 도구를 새로이 고안하고 있다. 사회적 관심사가 결여되었다는 비판은 말아달라. 우리는 사회에 도움이 되는 기술을 제공하기 위해 우리 자신을 단련하고 있다.

§ 공간 속 형태에 앞서는 공간 속 상징
- 의사소통 체계로서의 라스베이거스

공짜 아스피린, 멋진 라스베이거스에 오신 것을 환영합니다. – 빈 방, 주유소 등 무엇이든 물어보세요.

§ 1부에서 스튜디오 노트와 동일한 소제목 아래 실린 자료를 참조하시오.

모든 도시는 끊임없이 이동하는 사람들과 메시지를 소봉한다. 기능적, 상징적, 설득적 메시지이다. 라스베이거스의 표지판은 캘리포니아 주 경계에서, 그리고 비행기가 착륙하기 전부터 눈앞에 나타난다. 상업가로에는 세 가지 메시지 시스템이 존재한다. 우선 문장(紋章 heraldic) 메시지, 즉 간판이 지배적이다(도판 1). 다음은 건물 모습으로 드러나는 인상(印象 physiognomic) 메시지이다. 듄스 호텔의 길게 이어지는 발코니와 규칙적으로 위치한 창문은 호텔 건물임을 알려주고(도판 3) 교외 방갈로에 첨탑을 더하면 결혼 예배당으로 변모한다(도판 4). 마지막은 위치(locational) 메시지이다. 주유소는 모퉁이 땅에 자리 잡고 카지노는 호텔 앞에 있으며 의전용 발레 파킹은 카지노 앞에 있다. 라스베이거스 상업가로에서 이들 세 메시지 시스템은 밀접하게 연관되어 있으며 때때로 결합된다. 카지노 파사드가 그대로 대형 간판이 되기도 하고(도판 5) 건물 형태가 이름을 반영하기도 하며 반대로 간판이 건물 형태를 보여주기도 한다.

간판이 건물일까, 아니면 건물이 간판일까? 간판과 건물 사이, 건축과 상징성 사이, 형태와 의미 사이, 운전자와 도로변 사이의 이러한 관계와 결합은 오늘날의 건축과 깊은 관련을 맺고 있으며 몇몇 저술가들이 길게 설명하기도 했다. 하지만 구체적으로, 혹은 전체 시스템으로서 연구되지는 못했다. 도시적 인식과 '이미지어빌리티(imageability)' 추종자들은 이를 무시해왔으나 라스베이거스의 상업가로에는 이들 이론을 뒤흔들어버리는 몇몇 증거가 있다. 어떻게 우리는 상업가로에서 경쟁하는 간판들로부터의 '노이즈'를 뚫고 원하는 것을 찾아내는 것일까? 또한 우리에게는 메시지 발신자로서 상업가로를 묘사할 그래픽 도구가 마땅치 않다. 스타더스트 간판의 시각적 중요성을 어떻게 1:1200의 축척에서 지도화 할 수 있을까?

§ 설득의 건축

애플야드, 린치 그리고 마이어는 '길에서 본 풍경'이라는 책에서 운전 경험을 '그 자리를 뜨지 못하고 어느 정도는 긴장상태에 있지만 완전히 주의를 기울이지는 않는 대중의 시각에 작용하는 시퀀스'라며 '그 시야는 필터링 되면서 전

방을 향한다.'고 하였다. [1]

도로를 따라 이루어지는 이동 인식은 도로, 하늘, 일정한 거리를 두고 선 가로등, 노란 중앙선 등 항상적인 요소들의 구조적 질서 내에 있다. 운전자가 이것에 맞추어 방향을 잡는 동안 다른 일들은 그저 일어난다! 린치는 도로변을 따라 운전자와 승객의 시야에 갑자기 들어오는 대상의 절반 이상은 마치 눈가리개를 한 것처럼 직진 주행 방향으로 보여지며, 측면으로는 좁게 보여진다는 점을 발견했다(도판 11). (간판이 반드시 커야 하고 도로 옆에 서 있어야 하는 이유가 여기 있다.) 아주 가까운 측면으로 가는 주의집중은 1/3 정도이다. 또한 운전자가 시각적 장애요소를 지나며 다시 방향을 잡기 위하여 새로운 풍경을 찾아야 되는 경우를 제외한다면, '정지' 대상보다는 '움직이는' 대상에 보다 초점을 맞춘다.

속도는 운전자와 승객 모두의 초점각(focal angle)을 좌우하는 요소이다. 속도가 높아지면 초점각이 좁아지고 그 결과 세부가 아닌 전체를 보는 것으로 바뀐다. 주의집중이 의사결정 지점으로 전환된다. 차 안에서는 속도를 신체적으로 감지하지 못한다. 시야를 통해 속도를 인식하게 된다. 머리 위로 지나가는 대상들은 속도감을 대폭 높인다.

라스베이거스는 차량들이 속도를 낮추고 주변을 세세히 보도록, 그리고 더나아가 구매 행동을 하도록 속도를 컨트롤하고자 무언가 시도하고 있는가?(대니얼 스컬리와 피터 슈미트)

§ 역사적 전통과 A&P에서의 거대 공간

라스베이거스 상업가로는 고대와 현대의 도시 형태 및 공간 개념을 벗어난다. 라스베이거스의 상업가로는 빛나는 도시(Ville Radieuse)와도 관련이 없는 만큼 오스만이 정비했던 파리와도 다르다. 메타볼리즘 추종자들과도 관련이 없는 것처럼 에버니저 하워드와도 관련이 없다. 카밀로 지테 혹은 이언 네언과도 관련이 없는 만큼, 마찬가지로 린치와도 관련이 없다. 프랭크 로이드 라이트는 상업가로를 브로드에이커 시티의 졸렬한 모방으로, 후미히코 마키는 '군집형태(group form)'의 졸렬한 모방으로 여겼을지 모른다. 패트릭 게데스는 이해

1) Donald Appleyard, Kevin Lynch, and John R. Myer, The View From the Road (Cambridge, Mass.: The M.I.T. Press, 1964), p. 5.

했을 수도 있고 J.B. 잭슨은 잘 알고 있을 것이나.

상업가로의 건물들이 역사적인 여러 양식을 표방하긴 하지만 그 도시 공간은 역사적인 공간과는 아무런 상관이 없다. 라스베이거스 공간은 중세 공간처럼 닫혀있는 것도, 르네상스 공간처럼 균형과 비례를 맞춘 것도, 바로크 공간처럼 리드미컬하게 질서화된 움직임으로 부드럽게 휩쓸려 들어가는 것도, 모던 공간처럼 독립적으로 서 있는 도시 공간 형성인자 주변에서 흘러가는 것도 아니다.

무언가 다른 것이다. 그렇다면 무엇일까? 카오스는 아니다. 자동차와 고속도로 커뮤니케이션과 관련된 새로운 공간적 질서이다. 혼합된 매체를 지지하여 순수 형태를 버린 건축 안에서 말이다. 라스베이거스 공간은 기존에 발전되어 온 분석적 개념적 도구에 맞는 고분고분한 대상이 아니다. 그래서 우리에게는 이를 다루기 위한 새로운 개념과 이론이 필요하다.

새로운 형태와 공간을 이해하는 한 가지 방법은 오래되고 다른 것과 비교하는 것이다. 라스베이거스를 빛나는 도시와 오스만의 파리를 비교하는 것, 상업가로를 중세 시장 거리와 비교하는 것(도판 8, 12), 쇼핑 중심지 프리몬트 거리를 로마의 순례자 길과 비교하는 것. '자생된' 형태를 그 동등한 실세물 및 다른 문화들의 군집형태와 비교하는 것.

새로운 형태를 이해하는 또 다른 방법은 세밀하게 묘사하고 무엇이 있는지 분석한 후 도시 그 자체에 대한 이해를 바탕으로 형태의 새로운 이론과 개념을 발전시키는 것이다. 이들은 20세기 현실에 보다 잘 맞고 그래서 디자인과 계획에 있어 개념적 도구로써 더 유용하다. 이런 접근은 CIAM(Congrès internationaux d'architecture moderne 근대건축국제회의)의 틀에서 벗어날 길을 제공한다. 하지만 오래된 것에서 나온 기법으로 어떻게 새로운 형태와 공간을 기술할 수 있을까? 상업가로의 시속 60마일 형태와 공간을 보여주는 기법은 무엇일까? 사막 지역이 라스베이거스의 형태와 공간에 어떤 영향을 미치나?

라스베이거스의 공공 및 기관 건물은 휴양지 건축으로부터 받은 영향을 드러내고 있는가?

§ 라스베이거스 지도(도판 18-27, 71)

건축과 계획에서 배운 표현 기법(representation techniques)은 우리가 라스베이거스를 이해하는 데 방해가 되었다. 라스베이거스는 동적인데 기법은 정적이었고, 라스베이거스는 개방적인데 기법은 제한적이었으며 라스베이거스는 3차원인데 기법은 2차원이었다. 알라딘 간판을 평면도, 단면도, 입면도에서 어떻게 의미 있게 나타낼 수 있겠는가? 골든 슬리퍼를 토지이용계획도에서 어떻게 보일 수 있는가? 건축 기법은 건물처럼 크고 넓게 공간을 차지하는 대상에 적합하지만 표지판처럼 얇고 강렬한 대상에는 적합치 않다. 계획 기법은 활동(토지 이용)을 묘사할 수 있지만 1층이라는 지나치게 일반적인 범주를 경중 없이 다룰 뿐이다.

우리에게는 추상화 기법이 필요하다. '쌍둥이 현상', 또는 특정 건물보다는 개념과 일반화된 스키마(schema)―전형적인(archetypal) 카지노 혹은 도시 구조의 한 부분―을 보여줄 기법 말이다. 관광객들이 구할 수 있는 예쁜 사진들은 충분치 않다.

이를 어떻게 왜곡해 설계자가 의미를 끌어내도록 할 수 있을까? 보이는 대로 건축될 형태와 여러 제약 속에서 실제로 등장할 형태를 어떻게 구분하여 설계도에 나타낼 수 있을까? 기하학적 대상물이 아닌, A 씨가 인식하는 상업가로를 어떻게 표현할 수 있을까? 1:1200 축척의 설계도에서 빛의 특징 혹은 형태의 특징을 어떻게 보일 수 있을까? 크고 작은 변화, 계절적 변이, 시간에 따른 변천 등은 어떻게 반영할 수 있을까?

활동의 패턴으로서의 라스베이거스

도시는 대지 위에 패턴을 만들어내는 활동들이 뒤얽힌 집합체이다. 라스베이거스 상업가로 역시 다른 도시와 마찬가지로 카오스적 확장이 아닌, 활동의 집합으로 이동과 소통의 기술, 그리고 토지의 경제적 가치에 좌우되어 움직인다. 아직 충분히 이해하지 못한 이 새로운 패턴에 우리는 '확장(sprawl)'이라는 이름을 붙이려 한다. 목표는 디자이너로서 우리가 이 새로운 패턴을 이해하게 되는 것이다.

질문은 다음과 같다. 행동 패턴(토지 이용과 교통 지도)을 나타내는 전통적인 도시 계획 방법을 라스베이거스와 같은 도시에 어떻게 적용할 수 있을까? 그 방법이 도심 디자이너들에게 영감의 원천이자 디자인 도구로서 유용하게 되도록 할 방법은? 도시를 행동 체계로서 이해하기 위한 다른 방법은 무엇일까?

답을 찾는 과정에서 우리는 다음을 표현하기 위한 다양한 기법을 실험해야 한다.

1. 공간 경제 내부 현상으로서의 라스베이거스와 상업가로 (국가적, 지역적 공간 경제)
2. 지역 일반과 상업가로의 세부적 토지 이용 및 그 강도
3. 상업가로와 인근 활동들의 관련성
4. 지역 내 자동차, 환승, 보행자, 열차, 항공 이동 및 정지 시스템, 상업가로의 보행자, 환승, 자동차 이동 및 정지 시스템
5. 여러 시간대의 다양한 교통량 및 흐름
6. 상업가로에서 여러 스케일로 나타나는 활동과 이동 사이 관계
7. 휴양 체계로서의 상업가로, 산책로 (promenade)

이들 연구는 왜 그것들이 라스베이거스 안 지금 그 장소에서 벌어지고 있는지 폭넓게 이해하도록 할 것이다.

§ 메인 스트리트와 상업가로

프리몬트 거리에서 카지노는 보도의 일부이다(도판 31-33). 상업가로에서는 공용 공간이 카지노를 통과해 그 너머 파티오로 이어지고 파티오에서는 공용 개방 공간과 사적 객실의 관계가 일련의 치밀한 도구들로 중재된다. 다른 도시에서는 화장실 복도와 똑같은 공용 의미(공용이지만 아무도 인식하지 못하는)를 지니는 주차장도 이곳에서는 의례화되어 의식적 기능이 부여된다. 공용 공간, 공용-사적 공간, 사적 공간의 관계는 반(反) 종교개혁 당시 로마의 그것처럼 미묘하고 매력적이다(도판 23, 24, 42, 43, 52, 54).

§ 상업가로의 체계와 질서: '쌍둥이 현상'

남들이 정반대라고 부르는 것(안쪽과 바깥쪽, 공공 용도와 사적 용도, 독특성과 일반성)을 알도 반 아이크(van Eyck)을 '쌍둥이 현상'이라 불렀다. 그 한 쌍이 도시 안의 모든 차원에서 떨어질 수 없게 얽혀있다는 이유에서였다.

번쩍거리는 바깥쪽과 어둡고 시원한 안쪽 사이 차이는 라스베이거스에서 극단적으로 강하게 나타난다. 하지만 그 차이도 파티오 안의 길들여진 '바깥'에

의해, 또한 카지노 라운지 안의 밤하늘과 같은 조명에 의해 반(反) 교차된다. 카지노 안에서는 낮이 무효화되고 상업가로에서는 밤이 무효화된다. 이와 대조적으로 광고판은 밤과 낮 모두를 위한 것이다.

독특함을 과시하는 카지노들은 일반화, 체계화된 모텔 공간을 뒤쪽 배경으로 삼고 있다. 전국 표준 형태지만 특징적으로 높이 올라간 간판을 내건 주유소들이 이들 옆에 자리한다. 이들은 표준화된 가로등과 도로 표지판은 극도로 체계적이어서 설득의 간판들과 대조된다. 간판들은 화려한 불협화음을 내세우지만 규제를 감추고 있다(도판 35, 36). 카지노와 결혼 예배당 같은 상업가로 일부 시설은 비지니스 발생 주체들이고 모텔이나 주유소 같은 다른 시설은 발생된 시장에서 혜택을 입는다.

§ 상업가로의 건축: 패턴 북 (pattern book) 구성하기(도판 42-49)

화려함 뒤의 체계를 찾아내기 위해 우리는 서로 다른 건물 유형, 그리고 거리의 비중에 따라 개별 건물 부분들의 일람표를 고안했다. 바닥, 벽, 주유 펌프, 주차장, 평면, 입면(앞, 뒤, 측면)이 그것이다. 이들 부분은 각 건물 유형의 2차원 그래프로서 다시 조합된다. 그래프의 x축에는 건물이, y축에는 건물 부분들이 놓인다. 가로로 읽으면 건물 하나의 모습이 드러나고 세로로 읽으면 상업가로에 있는 특정 유형 건물의 모든 입면도가 얻어지며 대각선으로 보면 원형적 건물이 보인다(도판 42, 43).

주유소(도판 47)

고객: 석유회사의 부동산 부서. 부지 매입, 건설, 조정, 파이낸싱 등을 처리한다.

배치: 교통량, 토지 가격, 경쟁을 고려해 정해진다. 도로 인접면이 가격을 결정하는데 평균 150피트 길이다.

건물: 전면을 향한 두세 개의 서비스 베이 / 사무실 / 창고 공간 / '트래블 센터', 자동판매기, 화장실 등 고객 서비스

스타일링: 미화위원회와 지역 용도 관리 위원회로부터의 압박 / 모빌 주유소의 '모던' 박스, 셸의 '랜치 하우스' 그리고 보편적인 '콜로니얼 풍'(앞쪽에 주유구가 있다 뿐 교외 주택과 똑같은) / 목재, 벽돌, 석재 등 주택 재료의 사용 / 건물이 곧 간판이 되는 표준화된 형태에 대한 지향.

간판: 다음 세 종류의 크기가 있다. 먼 거리를 위한 간판(고속도로 스케일) / 접근 거리를 위한 간판(지선도로) / 클로즈업을 위한 건물이나 간판 캐노피

조명: 주유소 영업중임을 알림 / 입구, 출구, 주유구의 조명이 핵심적임. 석유 회사들은 최대로 강력한 조명 원천을 원해 간접 조명을 거부함. / 벌레 및 지역 용도관리 위원회와 큰 문제를 겪고 있음.

서비스 구역: 주유구와 디스플레이 / 캐노피가 햇빛과 눈비를 막아주며 간판으로도 작용함(모빌의 원형, 혹은 필립스의 솟아오르는 V 형). 대부분의 주유소에 근무 인력이 한두 명에 불과하므로 이상의 설비는 서비스 베이에서 충분히 볼 수 있어야 함. 주유구와 설비가 부딪치지 않도록 충분한 공간이 확보되어야 함.

　'평균적인 시민에게는 언제 마법의 주문 외우기를 넘어 환경에 대한 실제 행동으로 넘어갈 것인가를 말해줄 간단한 테스트가 존재한다. 대도시의 자동차 사용 제한도 그 중 하나가 될 것이다. 산업화 문명이 가져온 최악의, 그리고 거의 쓸모 없는 군더더기인 광고판이 다른 하나가 될 것이다. 혹시 도움이 될까 소개하자면 나 자신의 개인적 테스트는 주유소에 대한 것이다. 주유소는 지난 2천년

동안 가장 혐오스러운 건축물이다. 필요한 것보디 훨씬 더 많다. 대부분의 경우 아주 더럽다. 상품은 흉측하게 포장되고 화려하게 전시된다. 누더기 작은 깃발들에 중독되어 있는데 통제 불가능할 정도이다. 이들을 수호하는 것은 크고 작은 비즈니스맨들의 불길한 연합이다. 주유소는 대부분 거리와 고속도로에서 완전히 몰아내야 마땅하다. 허락 받은 곳에서는 프랜차이즈 형태로 만들어 수를 제한하고 그 건축과 외관이 요란해지지 않도록 엄격한 요구가 있어야 할 것이다. 주유소(그리고 다른 도로변 상업시설)에 대해 이런 조치가 취해지면 나도 우리가 진지하다고 생각할 것이다.' - 존 케네스 갈브레이스[2]

모텔 (도판 48)

배치: 교통량, 고속도로로의 접근성, 도로 인접면 가격, 눈에 잘 띄는지의 여부에 따라 결정됨 / 사무실 및 식당과 가까운 도로 / (비즈니스맨을 끌어들이기 위한) 회의실 / 도로에서는 떨어져 있고 주차장과는 가까우며 수영장, 파티오 등과

2) John Kenneth Galbraith, "To My New Friends in the Affluent Society- Greetings," Life (March 27, 1970), p. 20.

모여 있는 객실.

건물: 사무실과 임시 주차 가능한 캐노피 / 주차 가능한 식당 / 컨벤션 시설 / 주차장과 가깝고 지붕이 덮인 통로가 다른 시설들과 연결된 객실 / 폭 14피트에 길이는 27, 24, 21피트 크기인 스탠다드 객실 / 중간 복도에서 객실로 들어가면 한쪽에 짐 가방 받침, 옷장, 선반 공간이, 다른 쪽에 세면대가 있는 탈의 공간과 화장실이 위치함 / 이어 침실(bed-sitting room)이 있음 / 파티오, 발코니, 수영장으로 이어지는 대형 미닫이 유리창문 / 침대 맞은편의 TV / 짐 가방 받침, 탁자, TV 받침이 하나로 이어진 카운터 / 하나 혹은 두 개 더블 베드와 갖가지 리모컨들이 놓인 헤드보드.

스타일링: 내부는 침실로만 보이기를(all-bedroom look)을 거부한다(집과 같지만 조금 더 호사스러운 곳으로) / 외부는 기본적 요소가 표준화되어 하워드 존슨과 할리데이 인처럼 건물이 간판이 되도록 한다.(피터 호잇)

§ 라스베이거스의 조명

라스베이거스 낮의 빛은 그리스의 낮이 그렇듯 여러 색깔의 신전이 사막에서 선명하고 당당하게 드러나도록 한다. 이는 필름에 담기 어려운 특징이다. 아크로폴리스의 어떤 사진도 이를 제대로 표현하지 못한다. 그리고 라스베이거스는 낮의 빛보다는 밤의 불빛으로 더 유명한 곳이다.

§ 건축적 기념성, 그리고 크고 낮은 공간: 퐁텐블로

'식당에 들어가려면 세 계단을 올라가 양쪽 문을 열고 플랫폼으로 나간 후 다시 세 계단을 내려간다. 그러면 로비와 동일한 높이에 식당이 있다. 하지만 걸어 올라감으로써 플랫폼에 이를 수 있다. 나는 여기에 부드러운 조명이 비치도록 했고 그리하여 사람들은 자리로 안내 받기 전에 무대 위에 있게 된다. 마치 그 역할을 위해 캐스팅된 것처럼 말이다. 모두가 그 사람들을 바라본다. 그들도 다른 모두를 바라본다.' - 모리스 래피더스[3]

---

3) Morris Lapidus, quoted in Progressive Architecture (September 1970), p. 122.

§ 라스베이거스 스타일

마이애미 모로코 풍. 인터내셔널 젯셋(Jet Set) 스타일, 아트 모데른, 할리우드 오가스믹, 오가닉 비하인드, 야마자키 버니니 겸 로마식 흥청망청, 니마이어 무어 풍, 무어 풍 튜더 (아라비아 기사들), 바우하우스 하와이 풍.

'사람들은 환상을 찾는다. 세상의 현실은 원치 않는다. 그리하여 나는 환상의 세계를 어디서 찾게 될지 묻는다. 사람들의 취향은 어디서 만들어질까? 학교에서 공부하는 걸까? 박물관에 가는 걸까? 유럽으로 여행가는 걸까? 유일한 장소는 영화이다. 사람들은 영화를 보러 간다. 다른 것은 필요없다. – 모리스 래퍼더스[4]

§ 라스베이거스 간판(도판 62-28)

이제 간판에 대해 박사논문이 쓰일 때가 왔다. 연구자는 저술 능력 뿐 아니라 예술적 감각도 갖춰야 할 것이다. 간판을 팝 아트로 만드는 바로 그 이유(빠른 속도의 커뮤니케이션으로 최대한의 의미

를 전달할 필요)로 논문도 팝 문헌이 될 것이기 때문이다. 예를 들어 다음과 같은 필라델피아의 간판이 있다.
O.R. Lumpkin. Bodybuilders. Fenders straightened. Wrecks our specialty. We take the dent out of accident. (럼프킨. 차체 복원. 펜더 퍼기. 망가진 차 전문. 사고로 찌그러진 곳 처리합니다.)

우리는 라스베이거스의 간판들을 내용과 형태, (밤과 낮의) 기능 및 위치에 따라, 그리고 크기, 색깔, 구조, 설치 방법에 따라 분석하고 분류할 것이고 이를 바탕으로 간판에서 '라스베이거스 스타일'이 어떻게 만들어지는지 이해하며 이로부터 형태와 상징의 비(非)순수 건축에 대해 무엇을 배울 수 있을지 알아내고자 한다.

라스베이거스 간판의 스타일 분석으로 결혼 예배당과 사우나 욕조의 마이너한 건축을 통해 거물들(YESCO 디자이너들)의 영향을 추적할 것이며, 주유소의 전국적이고 일반적인 간판과 카지노의 독특하고 상징적인 간판의 이미지를 비교하고, 예술가와 간판 제작자 사이에 오간 패턴들의 영향을 다룰 것이다. 이 분석은 낭만주의와 절충주의, 매너리즘 그리고 고딕 건축의 도상학적인 측면과 같이 연상과 상징성을 강조하는 역사적 건축과의 평형관계를 찾아내고, 이들

---

4) Ibid., p. 120.

을 라스베이거스 간판의 스타일로 통합할 것이다.

17세기에 루벤스는 직물, 나뭇잎, 누드 전문가들을 모아서 회화 '공장'을 만들었다. 라스베이거스에도 영 일렉트릭 사인 회사(Young Electric Sign Company)라는 간판 '공장'이 있다. YESCO 각 부서를 인터뷰하고 관찰하고 자료를 수집하는 일, 디자이너들의 배경을 찾아내는 일, 전체 디자인 과정을 지켜보는 일을 누군가 해야 한다.

건축에서처럼 간판 디자이너들에게도 사적인 어휘가 존재할까? 간판 디자인에서 형태와 기능의 모순은 어떻게 해소되는가? 간판 모델을 꼼꼼하게 사진 찍어두어야 한다.

사람들은 91번 도로와 중앙 분리대를, 카지노와 주차장으로 들어가는 길을, 그리고 보행로를 실제로 어떻게 이용할까? 광고판에는 어떻게 반응할까?

호텔 진입로로 들어오는 운전자들 조사 결과

1. 대부분의 운전자들은 목적지의 영역 경계를 인식한 후 처음 나타나는 입구를 택했다.
2. 대부분의 사람들은 간판을 무시했고 디자이너가 결정한 대로의 주차장 내부 플랜도 무시했다. 서커스 서커스 카지노 간판에 주목하라.
3. 간판과 여타 주차장 가구의 위치는 주차장 사용에 거의 영향을 미치지 않는 것으로 보인다.
4. '분명한' 영역 표시선은 사람들이 주차장을 보는 방식에서 통제 요소가 된다.
5. 시저스 팰리스나 서커스 서커스의 분수 같은 시각적 요소들은 다른 방향표시판보다 훨씬 강력하게 운전자들을 통제한다. (존 크란츠와 토니 주니노)

§ **수용(inclusion)과 어려운 질서**

'모던 시스템이라니! 정말 대단하다! 머리카락 한 올만큼도 어긋나지 않도록 정해진 방식을 엄격히 따라 천재가 목졸려 죽고 '삶의 환희(joie de vivre)' 또한 질식하게 하는 시스템, 이것이 우리 시대의 상징(sign)이다.' – 카밀로 지테[5]

---

5) Camillo Sitte, City Planning According to Artistic Principles, translated by George R. Collins and Christiane Crasemann Collins (New York: Random House, 1965), p. 91

'극적인 핵심 요소 혹은 킹 핀(king pin)', 즉 드러내기만 하면 모든 것을 명확하게 해줄 그것을 찾는 일은 무의미하다. 도시의 그 어떤 한 요소도 킹 핀이 아니기 때문이다. 혼합이 킹 핀이다. 그리고 혼합에서 나타나는 상호 지지가 질서다. — 제인 제이콥[6]

'핵심 단어는 비율이다. 아름다움, 눈길 사로잡기, 좋은 취향, 건축적 적합성 등 어떤 이름으로 부르든 간에 전기 광고 디스플레이의 사이즈를 제한하는 것은 그 무엇도 보장하지 않는다. 그래픽 요소들 서로의 관계가 적절한 비율을 이루는 것은 좋은 디자인에 필수적이다. 옷이든, 예술이든, 건축이든, 전기 광고판이든 어떤 디자인이든 마찬가지이다. 전체 크기가 아닌 상대적 크기가 매력적 외관을 결정하는 지침 요소이다.' — 캘리포니아 일렉트릭 사인 어소시에이션[7]

상업가로의 주유소는 카지노와 섞여들어 비슷하게 보여야만 하는 것인가?

디자인 통제에서 파생된 여럿 중 한 디자인의 의도가 그래픽 측면에서 다른 것과 차별화될 수 있는 방법은 무엇인가?

컴퓨터–비디오 도시 시뮬레이션 시스템은 환경 시뮬레이션을 통한 통제 가능성을 보여준다. 창의적으로 사용한다면 더 느슨하면서도 더 효과적인 통제가 가능할 것이다.

통제와 미화

라스베이거스 상업가로는 '그저 자생했고' 초석을 놓은 사람들은 어쩌면 통제를 피하기 위해 도시 경계 바깥에 이를 건설했는지도 모른다. 하지만 오늘날 그곳에는 건물과 용도 지역(zoning) 통제가 존재하고 '상업가로 미화 위원회'까지 있다(도판 69). 미화 관련 위원회가 좋은 건축을 낳은 긍정적인 기록은 없다.[8] (오스만은 위원회가 아닌, 1인 통제 시스템이었다. 그런 권력과 결과물이 오늘날에도 바람직한 것인지는 미심쩍고 구현하기도 불가능하다.) 위원회들은 평범함 그리고 무력화된 시가지를 만들어낸다. 취향개발자들이 권한을 행사할 때 상업가로에는 어떤 일이 일어날까?

6) Jane Jacobs, The Death and Life of Great American Cities (New York: Vintage Books, 1961), p. 376.

7) "Guideline Standards for On Premise Signs," prepared specifically for Community Planning Authorities by California Electric Sign Association, Los Angeles, Calif. (1967), p. 14.

8) See Appendix.

광고 통제

　　세 주요 참여자의 기본 입장은전제는 다음과 같다.

미학자: '커뮤니케이션의 매개체로서의 도시 환경에서… 간판은 이 소통을 강화하고 명료화해야 한다.'

간판 산업: '간판은 비즈니스에 기여하므로 좋은 것이다. 따라서 미국에도 좋다.'

법규: '최소 요구 규정을 준수하기만 한다면 도시를 위해 우리는 소정의 비용을 징수하고 여러분께서는 발신인-메시지-수신인 반응을 이어갈 수 있습니다.' (찰스 콘)

§ 라스베이거스의 이미지:
　건축의 수용과 암시(도판 71, 72)

　　설계자가 채택하는 이미지는 사람들을 고무시킬 수 있어야 하고 지나치게 구체적으로 정의되어 제한되지 않아야 하며 그러면서도 설계자가 도시를 형태적으로 이해할 수 있게끔 도와야 한다. 웃거나 우는 얼굴들 혹은 게임 머신 앞에 사람들이 앉은 모습으로는 충분하지 않다. 상업가로, 그리고 카지노의 크고 낮은 공간을 위한 도시 설계자의 이미지(들)은 무엇일까? 이를 그려내기 위해 영화, 그래픽, 기타 어떤 기술이 사용되어야 할까?

　　18세기와 19세기 건축가 교육에는 로마 폐허 스케치가 필수적으로 포함되었다. 18세기 건축가들이 그랜드 투어 (유럽 여행)와 스케치북을 통해 디자인 게슈탈트(Gestalt)를 발견했다면 20세기의 건축가인 우리들은 라스베이거스를 위한 우리만의 '스케치북'을 찾아내야 한다.

　　우리는 Yesco 간판에서 시저스 팰리스 달력에 이르는 다양한 유형 및 크기의 라스베이거스 인공물들을 콜라쥬함으로써 라스베이거스의 시각적 이미지를 구성해야 한다고 본다. 이 콜라쥬를 만들려면 이미지, 언어적 구호 등 여러 가지를 모아야 한다. 또한 이를 위해서는 서로 완전히 달라 보이는 것들도 의미 있는 방식으로 병치해야 함을 명심하라. 이 연구에서 로마와 라스베이거스를 병치하였듯이 말이다. 미국과 로마의 피아자를, 놀리의 로마와 상업가로를 기록하라.

PART II

추하고 평범한 건축 혹은 장식된 셰드(decorated shed)

비교 방법을 통한 몇 가지 정의

'혁신의 의지가 아닌 전형(archetype)에 대한 존중' – 허먼 멜빌
'끊임없는 새로운 시작이 빈곤함을 낳는다.' – 월리스 스티븐스
'나는 지루한 것을 좋아한다.' – 앤디 워홀

건축에서 새롭지만 오래된 방향을 옹호하기 위해 우리는 다소 불연속적일지 모르는 비교 방법을 사용하려 한다. 우리가 무엇을 찬성하고 무엇에 반대하는지 보여주고 궁극적으로 우리 자신의 건축을 정당화시키기 위해서 말이다. 건축가들이 말하거나 글을 쓸 때는 오로지 자신의 작품을 정당화하기 위해 철학적 논의를 펼친다. 이 글, 즉 이 변명도 그와 다르지 않을 것이다. 우리 주장이 비교를 바탕으로 하는 것은 그것이 따분하게 느낄 정도로 단순하기 때문이다. 명백히 하려면 대조가 필요하다. 그리하여 오늘날 선두적인 지위를 누리는 몇몇 건축가들의 작품을 대조와 컨텍스트로서 사용하는 결례를 무릅쓰고자 한다.

우리는 과정이나 형태보다 이미지를 더욱 강조하며 건축이 그 인식과 창조에서 과거 경험과 감정적 연상에 의지하고 있다는 것, 또한 이러한 상징적이고 재현적인 요소들이 같은 건물 안에서 종종 형태, 구조, 프로그램과 모순될 수 있다는 것을 보이고자 한다. 우리는 이 대립성을 다음 두 가지 주된 표현에서 조사할 것이다.

1. 공간, 구조, 프로그램이라는 건축적 체계들이 전체적 상징 형태로 인해 감춰지거나 왜곡되는 경우. '건물 자체가 조각품이 되는' 이런 유형은 피터 블레이크의 '신의 고물상'에 그려진 '롱 아일랜드 더클링(The Long Island Duckling)'을 기리는 뜻에서 '오리'라 부르겠다(도판 73).[1]

2. 공간과 구조 체계가 직접적으로 프로그램을 위해 존재하고 장식은 독립적으로 적용되는 경우. 이는 '장식된 셰드(decorated shed)'이라 부르겠다(도판 74).

오리는 그 자체가 상징인 특별한 건물이다. 장식된 셰드는 상징을 적용하는 관습적 셸터(shelter)이다(도판 75, 76). 우리는 이 두 가지 유형 모두 타당성이 있다고 생각한다. 샤르트르(Chartres) 대성당은 오리이고 (장식된 셰드의 측면 또한 있긴 하다) 파르네세 궁전(Palazzo Farnese)은 장식된 셰드이다. 오리는 모던 건축(Modern architecture)에서 자주 나타났지만 오늘날 거의 의미가 없다는 것이 우리 생각이다.

어떻게 하여 우리가 자동차 중심의 상업적인 도시 확장 건축을 의미 있는 공공 및 주거 건축의 원천으로 여기게 되었는지 설명하겠다. 40년 전 산업 어휘의 세기적 전환이 공간과 산업 기술의 모던 건축에 의미를 지녔듯 이는 오늘날 의미를 지닌다. 어떻게 역사적 건축의 공간이나 피아자가 아닌, 이 도상학이 상업 예술이나 상업 가로 건축의 연상 및 상징성 연구에 바탕이 되는지도 보일 것이다.

마지막으로 우리는 건축에 있어 추함과 평범함의 상징성에 대해, 앞면은 수사적이고 그 뒤는 관습적인 '장식된 셰드'의 특별한 중요성에 대해 주장할 것이다. 건축은 결국 상징이 가미된 셸터(shelter)이기 때문이다.

---

1) Peter Blake, God's Own Junkyard: The Planned Deterioration of America's Landscape (New York: Holt, Rinehart and Winston, 1964), p. 101. See also Denise Scott Brown and Robert Venturi, "On Ducks and Decoration," Architecture Canada (October 1968).

도판 73. '신의 고물상(God's Own Junkyard)'에 나오는 '롱 아일랜드 더클링(The Long Island Duckling)'

도판 75. 오리 (Duck)

도판 74. '신의 고물상'에 나오는 도로 풍경

도판 76. 장식된 셰드 (Decorated shed)

오리와 장식된 셰드

폴 루돌프의 크로포드 매너(Crawford Manor)와 우리의 길드 하우스 (Guild House. 코프 앤 리핀콧과 협업. 도판 77, 78)를 비교하며 장식된 셰드에 대해 자세히 살펴보자. 이 두 건물은 용도, 크기, 건축 시기가 비슷하다. 모두 노년층을 위한 고층 아파트로 90집 규모이며 1960년대 중반에 건축되었다. 설정은 서로 다르다. 길드 하우스는 독립 건물이지만 성(palazzo)을 모방한 6층 규모로 주변 건물들과 구조나 재료가 비슷하고 위치와 형태 면에서 격자 구조 필라델피아의 가로선(street line)을 유지하고 있다. 크로포드 매너는 모던한 빛나는 도시(Ville Radieuse) 세계 속에서도 독특한, 명백히 위로 솟구친 건물로서 뉴 헤이븐의 오크 스트리트를 통해 제한된 접근만 가능하다.

하지만 우리가 강조하고자 하는 것은 구축 체계와 관련된 이 건물들의 대비되는 이미지이다. 길드 하우스의 구축과 프로그램 체계는 평범하고 관습적이며 그렇게 보인다. 크로포드 매너의 구축과 프로그램 체계는 평범하고 관습적이지만 그렇게 보이지 않는다.

여기서 굳이 비교 대상으로 크로포드 매너를 선정한 것은 건물에 대해 어떠한 반감이 있어서가 아니라는 점을 밝혀둔다. 실제로 이는 솜씨 좋은 건축가가 잘 지은 건물이며 우리는 비평하고자 하는 부분과 관련해 더 극단적인 건물을 얼마든지 쉽게 고를 수 있었다. 하지만 크로포드 매너가 오늘날의 건축을 대표할 수 있다는 일반적인 이유 때문에 (다시 말해 오늘날 건축 잡지에서 볼 수 있는 대다수를 대표하기 때문에) 또한 근본적인 여러 면에서 길드 하우스와 대응한다는 구체적인 이유 때문에 선택되었다. 다른 한편 길드 하우스가 비교 대상으로 선택된 것에는 다소 불리한 면이 있다. 건축된 지 벌써 5년이 지났고 이후의 작품이 현재 우리의 아이디어를 더 명백하고 생생하게 드러낼 수 있음을 고려하면 말이다. 마지막으로 이미지를 중점적으로 분석한다는 이유로 우리를 비평하지 말아달라는 부탁을 하고 싶다. 이는 건축에서 혹은 이 두 건물들에서 과정, 프로그램, 구조, 또는 사회적 문제의 중요성을 부인하기 위함이 아니다. 그저 우리 논의에 이미지가 적절하기 때문이다. 대부분의 건축가들과 마찬가지로 우리 역시 설계 시간의 90%는 다른 중요한 문제를 다루는 데 쓰고 여기서 제기하는 문제에는 10% 미만을 사용할 뿐이다. 하지만 그 중요한 문제들은 여기서 직접적인 주제가 아니다.

비교를 계속해보자. 길드 하우스는 현장타설(poured in place) 콘크리트 판에 비내력벽(curtain wall)을 치고 오르내리창(double-hung window)을 뚫었으며 방을 만들기 위해 내부 공간을 칸막이한 것이다. 재료는 평범한 벽돌인데 스모그에 찌든 주변 건물들에 맞추기 위해 보통보다 짙은 색을 사용했다. 길드 하우스의 기계 설비는 바깥 형태 어디에도 드러나지 않는다. 기준층 평면도는 특정 용도, 경관, 채광에 맞춰 1920년대 아파트 주택의 여러가지 형태들을 담고 있고 이로 인해 기둥들의 효과적 격자 형태는 잘 보이지 않는다(도판 80). 크로포드 매너는 역시 현장타설 콘트리트에 줄무늬 콘크리트 블록을 사용한 구조로 쌓아 올려진 조적벽을 받치는 일반적 프레임과 똑같다(도판 79). 하지만 이는 그렇게 보이지 않는다. 기술적으로 보다 앞서고 공간적으로도 진보한 듯 보인다. 건물을 서포트하는 것이 마치 공간적인 것처럼 보인다. 거칠게도 영웅스러운 공사과정을 통해 형태 자체에 양각된 줄무늬로 베통 브뤼(béton brut)를 연상시키는, 연속적인 인공 자재로 만들어진 이 기계 설비 샤프트처럼 말이다. 이로써 흐르는 듯이 연결된 인테리어 공간, 창문 때문에 구멍이 뚫리거나 설계도 상의 예외 등으로 망가지지 않는 건축적 순수함이 표현된다. 내부 빛은 구조와 '떠 있는' 캔틸레버 발코니 사이의 빈 공간에 의해 '조절(modulate)된다'(도판 81).

길드 하우스에 외부 빛을 공급하는 건축 요소는 창문이다. 우리는 건물에 창문을 내는 관습적 방법을 따랐고 외부 빛 조절(modulation)이라는 주제를 초기부터 고민하기보다는 다른 이들이 우리 앞에 놓아둔 것에서 시작했다. 창문은 익숙하게 보인다. 창문으로 보일 뿐 아니라 실제 창문이고 이런 면에서 그 사용은 명백한 상징이다. 하지만 효과적인 상징 이미지가 다 그렇듯 이 창문들도 익숙한 동시에 낯설게 보이도록 의도되었다. 살짝 비관습적으로 사용되는 관습적 요소인 것이다. 이들은 팝 아트에서의 소재처럼, 모양에서의 (가벼운) 왜곡, 스케일에서의 변화 (보통 오르내리창보다 훨씬 크다) 그리고 컨텍스트에서의 변화 (보다 최신 유행건물에 사용된 오르내리창 도판82)를 통해 평범하지 않게 된 평범한 요소이다.

셰드 위의 장식

길드 하우스는 표면에 장식이 있지만 크로포드 매너는 그렇지 않다(도판 83). 길드 하우스의 장식은 명백하다. 장식되는 건물 형태를 강화하는 동시에 모순되기도 한다. 그리고 어느 정도는 상징적이다. 파사드 아래쪽의 흰색 채유 벽돌 면에 맞춰 위쪽 높은 곳에도 흰 벽돌로 연속적인 띠를 둘렀는데 이는 건물을 베이스, 주된 층, 다락방의 균등하지 않은 세 부분으로 나눈다. 이는 균등하게 올라가는 실제 여섯 개 층 스케일과 모순되며 그 위에 르네상스 궁전의 비율을 덧씌우게 된다. 중앙부의 흰 패널은 입구의 초점과 스케일을 높여주기도 한다. 이 패널은 1층을 2층의 발코니 위까지 확장시키는데 이는 르네상스 궁전 문이나 고딕 정문 주변을 더 눈에 띄게 하고 스케일을 키우는 것과 같은 방식, 같은 이유이다. 밋밋했을 벽 표면의 예외적으로 두꺼운 기둥은 입구의 포커스를 높인다. 호화로운 화강암과 채유벽돌은 건물을 더 좋아 보이게 한다. 아파트 입구를 더 고급스럽게 만들어 임대 가능성을 높이기 위해 개발업자들이 지상 층에 결 무늬 대리석을 까는 것처럼 말이다. 이와 동시에 입구 중앙이라는 기둥의 위치는 그 중요성을 줄여준다.

길드 하우스의 아치형 창문은 구조적이지 않다. 이 건물의 보다 순수하게 장식적인 요소들과 달리 아치형 창문은 셰드의 내부 기능, 즉 꼭대기 층에서의 공동 활동을 반영한다. 하지만 커다란 공용 방 자체가 내부 체계에서 예외적이다. 앞쪽 입면도에서 아치는 발코니 공백의 중심 수직선 위에 있고 그 베이스는 장식된 입구이다. 아치, 발코니, 그리고 베이스는 함께 파사드를 구성하고 이는 마치 대(大)오더(giant order) (혹은 클래식 주크박스 전면)처럼 6개 층을 숨긴 채 전면의 스케일과 거대함을 증진시킨다. 그리고 대(大)오더 위에는 양극처리된 알루미늄 재질의 대칭형 금색 텔레비전 안테나가 야단스럽게, 연결되지 않은 상태로 올라가 있다. 이는 추상적인 리폴드(Lippold) 조각의 모방이자 노인들에 대한 상징이다. 이 위치에 두 팔 벌린 채색 석고 마돈나가 있었다면 이미지가 훨씬 풍부했겠지만 일체의 외적 상징을 삼가는 퀘이커 시설에는 어울리지 않았다. 이는 형태 인식에서 장식이나 연상을 거부하는 크로포드 매너와 대부분의 정통 모던 건축에서도 마찬가지이다.

명백한 연상과 암시적 연상

지붕 위의 재현적 조각 장식, 예쁜 모습의 창문, 어떠한 종류의 위트나 수사적 표현도 크로포드 매너와 관련해서는 생각하기 어렵다. 기둥에 값비싼 재료를 아플리케(appliqué)하는 것이라든지, 르네상스 건축 구성에서 모방된 흰 줄무늬와 징두리 벽판처럼 건물 하단부 벽을 상부와 다르게 마감한 부분도 역시 마찬가지이다. 예를 들어 크로포드 매너의 캔틸레버 발코니는 '구조적으로 통합된다'. 전체 구조와 같은 재료가 파라펫으로 올라오고 장식은 배제되어 있다. 길드 하우스의 발코니는 구조적 유희가 아니다. 난간은 장식이자, 금속재료에 더 큰 스케일로 표현된 관습적인 패턴의 회고이다.(도판 84).

길드 하우스의 상징성은 장식을 포함하고 명백한 연상에 의존한다. 보이는 모습은 실제 모습 뿐 아니라 연상시키는 모습 때문이기도 하다. 하지만 크로포드 매너의 건축 요소들에는 이보다 덜 명백한 다른 종류의 연상이 풍부하다. 크로포드 매너의 순수한 건축 형태에는 암시적 상징성이, 길드 하우스 노골적이고 문장(文章)에 가까운 장식 아플리케와는 다른 상징성이 있다. 우리는 연상과 과거 경험을 통해 장식되지 않은 건물의 인상(印象 physiognomy)으로부터 크로포드 매너의 암시적 상징성을 읽어낸다. 이는 크기, 텍스쳐, 색깔 등 그 형태의 주어진 외관적 특성으로부터 나온 '추상적 표현주의자' 메시지를 넘어서는 의미의 레이어들이다. 이들 의미는 기술에 대한 우리 지식에서, 모던 형태 제공자들의 작품과 글에서, 산업 건축의 어휘에서, 기타 원천에서 나온 것이다. 예를 들어 크로포드 매너의 수직 샤프트는 구조적 기둥을 암시하는데 (실제로는 구조적이지 않다) 이는 거칠게 마감된 '강화 콘크리트'로 (모르타르 조인트와 함께 조적식으로 쌓아 올려) 만들어졌으며, 보조공간(servant spaces)과 기계설비(실제로는 식당)

를 숨기고 있고, (공업 실험실에나 어울리는) 배기장치의 실루엣으로 끝나며, (창문을 대신해) 빛을 조절하는 보이드를 표현하고, 끊임이 없는 공간(이는 효율석인 아파트 내부에 국한되나 아파트 주거임을 그 자체로 드러내는 흔하디 흔한 발코니에 의해서 증대된다)을 표현하며, 그리고 평면의 경계로부터 섬세하게 (혹은 표현주의적으로) 돌출되는 프로그램을 보여준다.

영웅적이고 독창적인, 혹은 추하고 평범한

크로포드 매너의 암시적 상징성의 내용은 우리가 '영웅적이고 독창적'이라 부르는 것이다. 그 본질은 관습적이고 평범하지만 이미지는 영웅적이고 독창적이다. 길드 하우스의 노골적 상징성의 내용은 '추하고 평범함'이라고 부르겠다. 기술적으로 진보되지 않은 벽돌, 구식의 오르내리창, 입구 주변의 예쁜 재료, 흔히 하듯 파라펫 뒤쪽으로 숨기지 않고 드러낸 추한 안테나 등은 본질에서뿐만 아니라 이미지 면에서도 분명히 관습적이고 더 정확히 말하면 추하고 평범하다. (창문에 놓여지게 되는 조화는 오히려 예쁘고 평범하다. 조화가 건축을 우습게 보이도록 만들지는 않는다. 크로포드 매너의 영웅적이고 독창적인 창문에 놓였다면 그랬을 테지만 말이다. 도판 85)

하지만 길드 하우스에서 평범함의 상징성은 여기서 그치지 않는다. 앞면의 대(大) 오더 흉내, 거대한 세 개(실제로는 6개) 층으로 나타나는 대칭적이고 궁전과 같은 구성과 그 위에 올라간 조각상(혹은 거의 조각상과 비슷한 것)은 영웅적이고 독창적인 무언가를 의미한다. 이 경우 영웅적이고 독창적인 파사드가 조금 아이러니하다는 것은 분명하다. 하지만 이처럼 대조되는 상징의 병치(상징의 한 체계를 다른 체계 위로 아플리케 하는 것)야말로 장식된 셰드를 구성한다. 길드 하우스를 (건축가 없는 건축물로 만드는 대신) 건축가의 장식된 셰드로 만드는 것이 바로 이것이다.

가장 순수한 의미의 장식된 셰드는 공간, 구조, 프로그램이라는 건축적 요구에 밀접하게 상응하는 관습적인 시스템으로 만들어진 셸터(shelter) 형태 위에 그와 대조되는 (경우에 따라서는 모순되는) 장식이 올라간 것이리라. 길드 하우스에서는 장식적−상징적 요소가 말 그대로 아플리케이다. 흰 벽돌의 띠와 판들이 아플리케이다. 꼭대기 구석에서 셰드의 나머지 부분들과 연계가 해제된 길가 파사드는 그것으로부터의 분리를 의미한다. (그러나 이 특징은 연속성, 더 나아가 통일성을 함의한다. 양쪽에 늘어선 더 오래되고 비(非)단독적인 건물들의 파사드라는 거리 라인(street line)으로서의 연속성 및 통일성 말이다.) 장식의 상징성은 아이러니하게도 영웅적이고 독창적인 것이 가미된 추하고 평범한 것이고 셰드는 그 안 벽돌과 창문에서 역시 상징적이지만 추하고 평범한 것이 된다. 장식된 셰드에 대한 충분한 역사적 선례가 존재함에도 오늘날 길가의 상업적 건축(10만 달러 간판을 지탱하는 만 달러짜리 스탠드)은 우리 장식된 셰드의 직접적 원형(Prototype)이다. 길드 하우스의 간판에는 장식된 셰드의 가장 순수한 표현이 있고 크로포드 매너와 극명하게 대비된다.

도판 77. 뉴헤이븐 소재 크로포드 매너(Crawford Manor), 1962-1966, 폴 루돌프

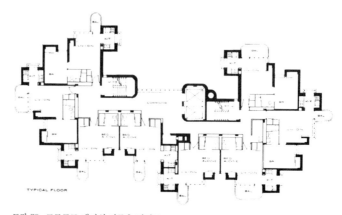

도판 79. 크로포드 매너의 기준층 평면도

도판 78. 필라델피아 소재 길드 하우스(Guild House), 노인들을 위한 집, 1960-1963, 벤투리 앤 라우쉬, 코프 앤 리핀콧 합작

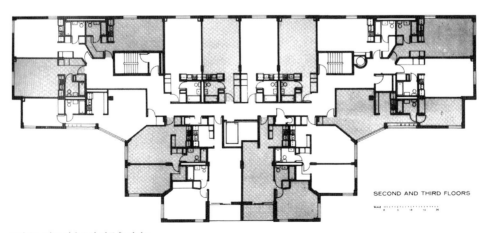

SECOND AND THIRD FLOORS

도판 80. 길드 하우스의 기준층 평면도

도판 81. 크로포드 매너(상세)

도판 82. 길드 하우스, 창문

도판 83. 길드 하우스, 중앙부 패널

도판 84. 길드 하우스, 발코니

도판 85. 길드 하우스, 창문 상세

도판 86. 길드 하우스, 간판

장식: 간판(Signs)과 상징, 명시와 함축, 문장(文章)과 인상(印象), 의미와 표현

건물 위 간판은 글씨와 단어라는 명백한 메시지로 명시적 의미를 전달한다. 이는 건물의 보다 건축적인 요소들로 함축적 의미를 전달하는 경우와 대비된다. 길드 하우스 입구에 있는 것처럼 커다란 간판, 스프링 가든 스트리트를 지나는 자동차에서도 읽을 수 있을 정도로 큰 간판은 그 명백한 상업적 연상 때문에 특히 추하고 평범하다(도판 86). 크로포드 매너의 간판은 소박하고 멋들어지며 비상업적이라는 점이 특징이다. 크기가 너무 작아 오크 스트리트를 지나가는 자동차에서는 보이지 않는다. 하지만 크고 상업적으로 보이는 명백한 상징으로서의 간판은 크로포드 매너 같은 건축에서는 절대 꺼리는 대상이다. 이런 건물의 정체성은 '나는 길드 하우스에요'라고 말 그대로 써붙인 명백하고 명시적인 소통이 아닌, 노인 주거 공간임을 표현하도록 의도된 순수 건축적 형태의 암시적 함축을 통해 얻어진다.

우리는 '명시적(denotative)' 의미와 '함축적(connotative)' 의미라는 문학적 구분을 빌려와 건축의 문장(文章) 요소와 인상(印象) 요소에 적용하고 있다. 조금 더 설명하자면 '길드 하우스'라고 쓰인 간판은 그 단어를 통해 의미를 명시화하는 것이고 이는 대표적인 문장(文章) 요소가 된다. 그래픽 특성은 기관의 품격을 함축하고 다른 한편 그래픽의 크기는 상업성을 함축한다. 간판 위치 역시 입구를 함축한다. 흰색 채유벽돌은 일반적 붉은 벽돌과 대비되는 독특하고 풍성한 아플리케로서 장식을 명시한다. 파사드 위 흰 면과 흰 띠의 위치를 통해 우리는 궁전, 즉 궁전과 같은 스케일과 거대함을 연상시키는 층 구조를 함축하고자 시도했다. 오르내리창은 그 기능을 명시하고 다른 한편 오르내리창들이 모여 있는 모습은 가정(家庭)과 평범함이라는 의미를 함축한다.

명시성은 특별한 의미를 보여주고, 함축성은 일반적 의미를 암시한다. 동일한 요소가 명시적 의미와 함축적 의미를 모두 가질 수 있고 이는 상호 모순되기도 한다. 일반적으로 볼 때 그 의미가 명시적인 정도까지 해당 요소는 문장(文章) 특성에 의존하고 반면 함축적인 정도까지는 인상(印象) 특징에 의존한다. 모던 건축(예를 들어 크로포드 매너)은 문장(文章)과 명시성을 꺼리고 인상(印象)과 함축을 과장하려는 경향이 있다. 모던 건축은 표현적 장식은 사용하되 명백한 상징적 장식은 배제한다.

　　지금까지 이미지의 내용 및 이미지 성취를 위한 방법이라는 측면에서 길드 하우스와 크로포드 매너를 비교 분석해 보았다. 표 1은 두 건물을 비교 정리한 것이다.

표 1. 길드 하우스와 크로포드 매너의 비교

길드 하우스	크로포드 매너
의미의 건축	표현의 건축
노골적 '명시' 상징성	암시적 '함축' 상징성
상징적 장식	표현적 장식
응용 장식	통합적 표현
혼합된 매체	순수 건축
피상적 요소 부착을 통한 장식	통합적 요소 표출을 통한 비(非)수용 장식
상징성	추상화
표상적(Representational) 예술	'추상적 표현주의'
주의환기 건축	혁신적 건축
사회적 메시지	건축적 내용
선전	건축적 표출
고급 및 하급 예술	고급 예술
역사적 선례를 사용한 진화	혁명적, 진보적, 비(非)전통적
관습적	창조적, 독특성, 창의적
새로운 의미의 옛 단어	새로운 단어
평범한	비범한
편의적	영웅적인
예쁜 앞면	온 사방이 예쁜 (최소한 통일된)
비일관적	일관적
관습적 기술	발전된 기술
도시 확장의 경향	메가스트럭처의 경향
클라이언트의 가치 체계에서 출발	예술과 형이상학을 참조하여 클라이언트의 가치 체계와 예산을 올리기 위해 노력
값싸 보임	비싸 보임
'지루함'	'흥미로움'

지루한 건축은 흥미로운가?

여러 모로 평범한 길드 하우스는 지루한가? 극적인 발코니를 지닌 크로포드 매너는 흥미로운가? 어쩌면 반대는 아닐까? 크로포드 매너 건물과 그 건물로 대표되는 경향에 대한 우리 비평은 도덕주의적인 것도, 이른바 건축의 정직성에 관련된 것도, 본질과 이미지의 상응성 결핍 그 자체에 대한 것도 아니다. 하지만 크로포드 매너는 영웅적이고 독창적으로 보이는 추하고 평범한 것이다. 크로포드 매너에 대한 우리 비평은 '부정직성' 때문이 아니라 오늘날 의미가 없기 때문이다. 우리는 크로포드 매너뿐 아니라 그것이 대표하는 건축 역시 명시적 장식과 건축 역사에 풍부한 도상성 전통을 거부함으로써, 또한 장식을 대체한 함축적 표현을 무시(혹은 알지 못한 채 사용)함으로써 이미지의 방법과 내용에서 어떻게 빈곤해졌는지 보이려 한다. 절충주의를 몰아내면서 모던 건축은 상징성을 깊이 감춰버렸다. 대신 건축 요소들 자체의 표현, 구조와 기능의 표현에 집중하며 표현주의를 장려했다. 건물 이미지를 통해 개혁-진보의 사회적 산업적 목표를 제안했던 것이다. 현실에서는 거의 이루지 못했던 목표 말이다. 공간, 구조, 프로그램이라는 순수 건축적 요소의 단호한 표현에 자신을 한정함으로써 모던 건축의 표현은 건조한 표현주의, 공허하고 지루하며 궁극적으로는 무책임한 것이 되었다. 아이러니하게도 오늘날의 모던 건축은 명백한 상징과 하찮은 아플리케 장식을 거부하면서 건물 전체를 하나의 거대한 장식으로 왜곡하고 있다. 장식을 "표출(articulation)"로 대체하면서 오리가 되어버린 것이다.

역사적 그리고 기다 선례들: 옛 긴축을 향하여

역사적 상징성과 모던 건축

  모던 건축의 형태는 대개 인식적 특징의 차원에서, 또한 연상에서 나오는 상징적 의미를 희생하는 차원에서 건축가들에게 창조되고 비평가들에게 분석되어 왔다. 모던 건축가들은 우리 주변 어디나 있는 상징의 체계를 인식하는 범위 내에서 상징의 타락을 거론하는 경향이 있다. 모던 건축가들에 의해 대개 잊혀지긴 했으나 건축 상징성의 역사적 선례는 분명 존재하고 도상학의 복합성은 예술사 학습의 중요한 부분으로 남아 있다. 초기 모던 건축가들은 건축의 회상을 경멸했다. 절충주의와 양식을 건축의 요소로 보는 것을 거부했고 거의 전적으로 기술에 기반한 그들의 건축이 개혁적이라기보다 진화적이라 보는 역사주의 또한 거부했다. 모던 건축가 두 번째 세대는 역사의 '구성 사실'만을 인정했다. 역사적 건물과 피아자를 빛 속의 순수 형태와 공간으로 추상화한 지그프리트 기디온[2]이 뽑아낸 것과 같은 구성 사실 말이다. 공간이야말로 건축적 특성이라 여기고 몰두했던 건축가들은 건물을 형태로, 피아자를 공간으로, 그래픽과 조각은 색깔, 텍스처, 스케일로 읽어냈다. 이 앙상블은 회화의 추상 표현주의 시대에 건축의 추상 표현이 되었다. 중세 및 르네상스 건축의 도상학적 형태와 장식물들은 공간을 채우는 여러 색상 텍스처로 축소되었고, 매너리스트 건축의 상징적 복합성과 대립성은 그들의 형태적 복합성과 대립성으로 인식되었으며, 네오클래식 건축은 로마적 연상의 사용 때문이 아니라 형태적 단순성 때문에 선호되었다. 건축가들은 19세기 기차 역(말 그대로 셰드)의 '뒷면(back)'을 좋아했고 앞면은 재미는 있을 수 있지만 중요하지는 않은 역사적 절충주의의 일탈로 보고 참아냈다. 매디슨 애비뉴의 상업 예

---

2) Sigfried Giedion, Space, Time and Architecture (Cambridge, Mass.: Harvard University Press, 1944), Part I.

술가들이 발전시켜 도시 확장의 상징적 분위기를 형성하게 된 그 상징 체계를 이들은 인정하지 않았다.

1950년대와 60년대 모던 건축의 이들 '추상적 표현주의자'들은 구릉지 도시-피아자 컴플렉스의 한 측면, 즉 그 건축이 낳은 '보행자 스케일'과 '도시 생활'을 인정했다. 중세 도시성(urbanism)에 대한 이런 시각은 메가스트럭처(혹은 메가스컬프처 megasculptural) 환상(이 맥락에서는 기술적인 면이 보강된 구릉 도시)을 촉진했고 모던 건축가의 반(反)자동차 편견을 강화했다. 하지만 건물과 피아자 모두에 대한 인식과 의미의 다양한 차원에서 벌어졌던 중세도시의 간판과 상징 경쟁은 공간 지향 건축가에게서 상실되었다. 내용상 낯설음을 차치하더라도 그 상징은 스케일로나 복합성정도로나 오늘날의 멍든 감수성이나 조급한 마음으로 파악하기에 너무도 미묘한 대상인지도 모른다. 이는 어쩌면 아이러니한 사실을 설명해준다. 그 세대의 우리 일부 건축가가 도상성을 회복한 것은 1960년대의 팝 아티스트들의 감수성과 66 도로의 오리와 장식된 셰드를 통해서였다. 이렇게 하여 로마에서 라스베이거스로, 또다시 라스베이거스에서 로마로 이어진다.

오리와 셰드로서의 성당

도상적 측면에서 볼 때 성당은 장식된 셰드이자 오리이다. 아테네의 후기 비잔틴시대 메트로폴 성당은 건축물로서는 우스꽝스럽다(도판 87). 스케일이 맞지 않는 것이다. 일차적으로 구조가 형태를 결정한다고 볼 때 그 복잡한 형태는 작은 크기에 상응하지 않는다. 정사각형 방이 만드는 공간은 내부 지주(支柱)도, 돔, 드럼, 볼트로 이루어진 복합적인 지붕도 필요로 하지 않는다. 하지만 오리로서 본다면 우스꽝스럽지 않다. 이 돔형 그리스 십자가는 원래는 큰 도시의 커다란 건물들로부터 구조적으로 진화된 것이나 이곳에서는 성당을 의미하기 위해 상징적으로 발전된 것이다. 이 오리는 석조에 있는 돋을 새김과 같이 내용상 명백하게 상징적인 '발견된 사물(objet trouvé)'의 콜라주 아플리케로 장식되어 있다.

아미엥 성당은 그 뒤쪽에 건물을 지닌 광고판이다(도판 88). 고딕 성당은 앞면과 옆면의 '유기적 통합'을 이루지 못한다는 점에서 취약하다고 여겨져 왔다. 하지만 이 괴리는 복합적인 건축물에 내재된 모순의 자연스러운 반영이다. 성당은 광장을 향해서는 선전을 위한 2차원적인 광고 스크린이지만 뒤쪽은 석조 건축 체계가 적용되는 복합적 건축물이다. 장식된 셰드가 종종 당면하는 이미지와 기능 사이 모순의 반영이라고도 하겠다. (뒤쪽 셰드 또한 그 모습이 십자가 형태라는 면에서는 오리이다.)

일드프랑스 지역 대성당들의 파사드는 전체적인 스케일 상 2차원 평면들이다. 주변 시골 풍경과 연결되기 위해 상부 코너는 타워로 진화시켜야 했다. 하지만 세부적으로 보면 이들 파사드는 그 자체로 건물이고 선명한 3차원 조각으로 공간의 건축을 가장한다. 조각상을 위한 벽감들은 존 서머슨 경이 지적했듯 건축 속 또 다른 차원의 건축이다. 하지만 파사드의 효과는 에디큘(aedicule)과 조각상의 명백한 연상과 상징성으로부터 얻어진, 또한 파사드에 구현된 천상 왕국의 서열 질서 속 상대적 위치와 크기로부터 얻어진 거대하고 복합적인 의미에서 나온다. 이러한 메시지 편성 속에서 모던 건축가들이 행하는 함축은 거의 중요하지 않다. 실상 파사드의 모양은 그 뒤쪽 신도석과 복도의 실루엣을 위장하고 있으며 문과 장미창은 내부의 건축적 복합성을 거의 반영하지 못한다.

라스베이거스의 상징적 진화

전형적 고딕 성당의 건축적 진화가 수십 년 동안의 양식 및 상징 변화로 추적되듯 비슷한 진화가 (현대 건축에는 드물게) 라스베이거스의 상업 건축에서도 나타난다. 하지만 라스베이거스에서 이 진화는 수십 년이 아닌 수년에 압축된다. 이는 종교적 선전보다는 덜 영원한 상업적 메시지 때문에, 혹시 그게 아니라면 우리 시대의 더 빠른 템포를 반영하기 때문에 그렇다. 라스베이거스의 진화는 늘 더 크고 더 많은 상징성을 향한다. 1950년대 프리몬트 거리의 골든 너겟 카지노는 커다란 간판을 내건 정통적인 장식된 셰드였고 메인 스트리트의 상업적이면서도 추하고 평범한 것이었다(도판 89).

하지만 1960년대가 되자 전체가 간판이 되어 건물은 보이지도 않게 되었다(도판 90). '전자그래픽'이라는 특성은 새로운 시대의 더 투박한 스케일과 산만한 컨텍스트에 적합하게끔, 그리하여 옆 건물과의 경쟁에서 뒤지지 않게끔 하기 위해 공격적이었다. 상업가로에 단독으로 선 광고판들 역시 산 지미냐노(San Gimignano)의 타워들이 그렇듯 점점 더 커졌다. 플라밍고, 데저트 인, 트로피카나 등으로 순차적으로 대체되면서 커지기도 했고 시저스 팰리스 간판처럼 그 자체가 커지기도 했다. 페디먼트까지 갖춘 시저스 팰리스의 신전 모양 파사드는 조각상을 올린 기둥 하나만 더함으로써 크기를 늘릴 수 있었다. 이는 클래식 건축의 진화 과정을 통틀어 시도된 적 없던 묘기이자 해결된 적 없던 문제이다(도판 91).

르네상스와 장식된 셰드

르네상스 건축의 도상학은 중세 건축이나 상업가로 건축에 비해 대놓고 선전하는 경향이 덜하다. 비록 르네상스 건축의 장식이 로마 클래식 어휘에 바탕을 두고 클래식 문명의 재탄생을 위한 도구로 사용되긴 했지만 말이다. 하지만 이러한 장식의 대부분이 구조를 표현하므로 (구조를 상징하는 장식이다) 중세와 상업가로 건축의 장식에 비해 그들이 부착된 셰드 자체로부터 덜 자립적이다(도판 92). 구조와 공간의 이미지는 구조와 공간의 본질에 모순되기보다는 이들을 강화한다. 벽기둥(pilaster)은 벽 표면의 모듈형 힘줄(modular sinew)을 표현하고 외각(quoin)은 벽 끝부분의 보강을 표현하며 수직 몰딩은 벽 가장자리 보호용이고 루스티카(rustication)는 벽 바닥을 지지하기 위함이다. 또한 벽 위의 코니스(cornice)는 빗물로부터 벽을 보호하기 위한 것이고 수평 몰딩은 벽의 깊이로 그 형성의 단계를 보여주며 문 가장자리에 이 모든 장식이 종합된 것은 벽과 마주한 문의 중요성을 상징한다. 이들 요소의 일부는 기능을 겸하기도 하지만 (예를 들어 코니스가 그렇고 벽기둥은 그렇지 않다) 모두가 명백하게 상징적이고 완성도 있게 지어진 건물을 통하여 로마의 영광을 연상시킨다.

하지만 르네상스 도상학이 모두 구조적이지는 않다. 문 위의 스템마(stemma)는 간판(sign)이다. 프란체스코 보롬미니(Borromini)의 바로크 파사드 돋을새김에는 종교, 왕조 등 상징성이 풍부하다. 기디온은 산 기를로 알레 과드로 폰단(San Carlo alle Quattro Fontane) 성당의 파사드에 대한 탁월한 분석에서 대위법적 레이어링, 파도형 리듬, 형태와 표면의 미묘한 스케일이 거리라는 외부 공간과의 관계 안에서 조합된 추상적인 요소라고 정리했다. 하지만 이들이 지닌 상징적 의미의 복합적인 레이어링은 언급하지 않았다.

이탈리아 궁전은 장식된 셰드로 탁월한 존재이다. 두 세기 동안 플로렌스에서 로마에 이르기까지, 파사드 가운데 입구가 뚫리고 직사각형 회랑을 갖춘 안뜰(cortile)과 그 주변을 둘러싼 욕실이 딸린 방(en suite)들이라는 평면, 그리고 간헐적인 메자닌(Mezzanine) 층이 있는 세 개 층 입면은 일련의 양식 및 구성적인 변화의 꾸준한 기본형으로 유지되었다. 이러한 건축적 설정은 점차 루스티카가 감소하는 세 개 층 입면인 스트로지 궁에서도, 3단계 벽기둥이라는 유사프레임을 갖춘 루첼라이에서도, 외각 처리된 모서리로 장식적인 중심부로의 집중을 보완하고 결과적으로 수평적 위계를 이룬 파르네제에서도, 세개 층에 한 층의 이미지를 부여해 거대한 질서를 구축한 오데스칼키도 마찬가지이다(도판 93, 94). 15세기 중반부터 17세기 중반까지의 이탈리아 공공 건축 발전을 평가하는 중요한 토대는 바로 셰드의 장식이다. 유사한 장식은 뜰이 없는 이후의 상업적인 궁들에서도 나타난다. 카슨 피리 스콧 백화점은 1층 고객들의 눈높이에서 흥미를 끌 수 있도록 주철 클래딩에 자연 소재 문양을 얇게 돋을새김하여 장식하고 그 위쪽으로는 그와 대조되는 형식적 어휘, 즉 추하고 평범한 상징성을 지닌 일반적 로프트 건물을 배치하였다(도판 95). 하워드 존슨 모텔의 높이 솟은 관습적 셰드는 궁전보다는 빛나는 도시의 건물에 더 가깝다. 하지만 도심 피아자에서 팝 아트식 확장까지의 컨텍스트의 급변과 스케일의 변화를 감안한다면 가상의 페디먼트 처리된 입구나 문장(文章) 역할을 하는 오렌지색 에나멜 프레임 같은 상징은 귀족 궁전 입구의 봉건 문장(文章)이 장식된 클래식 페디먼트와 상응한다고 할 수 있다(도판 96).

19세기 절충주의

19세기 양식들의 절충주의는, 때로는 프랑스 앙리 4세의 르네상스나 영국 튜더 왕조처럼 국가주의의 상징성이 나타나기도 했지만 본질적으로 기능의 상징성이라고 할 수 있다. 하지만 양식이 건물 유형에 상응하는 경향은 퍽 일관되게 이어졌다. 은행들은 공공의 책임과 전통을 보이기 위한 클래식 바실리카 양식이었고 상업 건물은 부르조아의 저택처럼 보였으며 대학은 옥스퍼드와 케임브리지의 클래식한 건물보다는 고딕 양식을 베껴 '고된 학업'을 상징하려 했다. 이는 '경제 결정론의 어두운 시대를 뚫고 인문의 횃불을 밝힌다'[3]는 조지 하우의 표현에도 나타난다. 세기 중반, 영국 교회들이 수직양식(perpendicular)과 장식적인 양식 사이에서 무엇을 선택하는가는 옥스퍼드와 케임브리지 운동 사이의 신학적 차이를 반영했다. 햄버거 모양의 햄버거 스탠드는 연상을 통해 기능을 표현하는 오늘날의 보다 직접적 시도이지만 그 목적은 종교적 개선이 아닌 상업적 설득에 있다(도판 97-99).

도널드 드류 에그버트[4]는 세기 중반에 (악당들의 전당인) 미술학교 에콜 데 보자르(Ecole des Beaux-Arts)의 장학제도인 프리 드 롬(Prix de Rome) 신청 사례를 분석하면서 연상을 통한 기능주의를 기능주의의 상징적 표현이라고 불렀다. 이는 모던 운동의 기반이 된 본질적 기능주의에 선행한 것이다. 이미지가 본질에 앞선 것이다. 에그버트는 새로운 19세기 건축 양식에서 인상(印象)을 통한 기능 표현과 스타일을 통한 기능 표현 사이의 균형을 언급하기도 했다. 예를 들어 기차역은 주철 셰드와 커다란 시계로 인식 가능했다. 이들 인상(印象)적 상징들은 르네상스-절충적 대기실과 역사 공간의 명백한 문장(文章) 상징화와 대조된다. 지그프리트 기디온은 같은 건물 내의 이 예술적 대조가 커다란 모순이라고 (19세기 '느낌의 단절'이라고) 보았다. 기디온은 상징적 의미 요소를 배제한 기술과 공간으로서 건축을 보았기 때문이다.

---

3) George Howe, "Some Experiences and Observations of an Elderly Architect," Perspecta 2, The Yale Architectural Journal, New Haven (1954), p. 4.

4) Donald Drew Egbert, "Lectures in Modern Architecture" (unpublished), Princeton University, c. 1945.

도판 87. 아테네 메트로폴(Metropole) 성당

도판 88. 아미앵(Amiens) 성당, 서쪽 전면

도판 89. 라스베이거스 골든 너겟, 1964년 이전

도판 90. 라스베이거스 골든 너겟, 1964년 이후

도판 91. 시저스 팰리스, 확장된 간판

도판 92. 바티칸 벨베데레 (Belvedere Court)

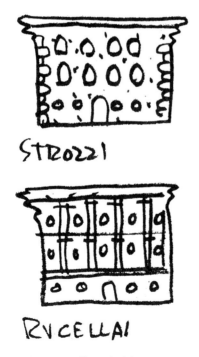

STROZZI

FARNESE

RVCELLAI

ODESCALCHI

도판 93-94. 궁전(palazzo) 파사드

도판 95. 시카고의 카슨 피리 스콧(Carson Pirie Scott) 백화점

도판 96. 버지니아 샬로츠빌 소재 하워드 존슨의 모텔과 식당

도판 97. 절충적 은행

도판 98. 절충적 교회

도판 99. 텍사스 댈러스 소재 햄버거 스탠드

모던 장식

모던 건축가들은 뒤를 앞으로 만들기 시작했다. 셰드의 형태를 상징화하여 나름의 건축 어휘를 만들면서, 또한 그 현실적 작업을 이론적으로는 거부하면서 말이다. 말과 행동이 달랐던 것이다. 덜 한 것이 더 한 것일 수 있었다. 하지만 미스 반 데어 로에의 내화(耐火) 기둥 위의 I 단면은 르네상스 피어(pier)의 벽기둥에 적용되었던 것이나 고딕 피어(pier)의 조각된 샤프트가 그렇듯 복합적으로 장식적이다. (실상 덜 한 것이 더 많은 작업이다.) 인식했든 못했든 모던 장식은 바우하우스가 아르데코와 장식 미술을 완파한 후 그 어떤 비건축적인 것도 상징하지 않았다. 더 구체적으로 보면 그 내용은 일관되게 공간적이고 기술적이었다. 클래식 오더의 르네상스 어휘처럼 미스 반 데어 로에의 구조적 장식은, 꾸며주는 구조에 명확히 모순되기는 한다 해도, 전체로서의 건물이 지닌 건축적 내용을 강화한다. 클래식 오더가 '로마 황금 시대의 재탄생'을 상징했다면 모던 I 빔은 '공간으로서의 모던 기술에 대한 정직한 표현'을 대표한다. 하지만 미스 반 데어 로에가 상징화시킨 것은 산업 혁명의 '모던(modern)' 기술이었고, 오늘날의 전자 기술이 아닌 그 기술이 여전히 오늘날 모던(Modern) 건축 상징성의 원천임을 기억해야 한다.

장식과 내부 공간

미스 반 데어 로에의 I 빔 아플리케는 강철 프레임 그대로의 구축을 표현하고 복합적인 표출(articulation)을 통해 그 뒷면에 있는 거대하고 폐쇄적인 내화(耐火) 프레임도 가늘게 느껴지도록 만든다. 미스 반 데어 로에는 초기 인테리어에서 공간을 규정하기 위해 장식적인 대리석을 사용했다. 이 시기에 지어진 바르셀로나 파빌리온, 뜰 세 개인 집 등에 사용된 대리석 및 대리석과 비슷한 패널은 이후의 외장 벽기둥에 비해 덜 상징적이다. 비록 대리석의 고급스런 표면과 희소성이 부유함을 함축하기는 하지만 말이다(도판 100). 이들 '플로팅(floating)' 패널들을 오늘날 1950년대 추상 표현주의자 그림으로 오해하는 일이 많지만 그 목적은 흐르는 공간(Flowing Space)을 선형 강철 프레임 안에서 표출하는 것이었다. 장식은 공간의 하인인 것이다.

파빌리온 안의 콜베 조각상은 특정 상징적 연상을 가질 수 있지만 그 역시 일차적으로는 공간을 끊어주고 방향을 잡아주기 위한 것이다. 이 조각상은 주변의 기계 미적 형태와의 대조를 통하여 공간을 위로 향하게 한다. 이후 세대의 모던 건축가들은 방향을 잡아주는 패널과 공간을 끊어주는 조각상을 전시회와 미술관 디스플레이의 공인 기법으로 만들었다. 전시 요소에 정보 역할 뿐 아니라 공간 설정 역할도 부여한 것이다. 미스 반 데어 로에의 요소는 정보적이기보다 상징적이었다. 그 요소들은 자연적인 것을 기계적인 것과 대조시켜 모던 건축이 다른 건축과 어떻게 다른지 보여주었다. 미스 반 데어 로에도, 그 추종자들 누구도 건축적 의미 이상을 전달하기 위해 형태를 상징적으로 사용하지 않았다. 미스 반 데어 로에 파빌리온에서 사회적 현실성이란 프티 트리아농(Petit Trianon) 궁전에 공공산업진흥국(Works Progress Administration)의 벽화가 그려지는 것만큼이나 생각하기 어려운 것이었다. (납작한 지붕 자체가 1920년대에 사회주의 상징이었다는 점만 제외한다면 말이다.)

르네상스 인테리어에서도 장식은 풍부한 조명과 함께 공간을 끊어주고 방향을 잡아주기 위해 사용된다. 하지만 미스 반 데어 로에의 인테리어와 대조적으로 이 경우에는 중립적 컨텍스트인 벽 표면에 프레임, 몰딩, 벽기둥, 아키트레이브(architrave) 등 형태를 강화하고 닫힌 공간을 규정하는 구축적 요소들이 장식적으로 활용된다. 하지만 매너리즘의 카지노 피오 V의 내부에서는 벽기둥, 벽감, 아키트레이브, 코니스가 공간의 본질을 흐릿하게, 아니 벽과 볼트의 차이를 모호하게 만든다. 전통적으로 벽으로 규정되는 이들 요소들이 볼트 표면까지 확장되기 때문이다(도판 101).

시실리의 비잔틴 마르토라마(Martorama) 채플 안에는 건축적 명료화 혹은 매너리즘 모호성에 대한 의문이 없다(도판 102). 대신 재현이 공간을 억누르고 그 무늬가 형태를 위장한다. 장식 무늬는 벽, 피어, 소핏, 볼트, 돔 등과 거의 독립적이고 때로는 대립되기도 한다. 이들 형태는 모자이크 표면을 연속적으로 만들기 위해 가장자리가 둥글려져 있으며 황금빛 모자이크 배경은 그 기하학적 구조를 한층 부드럽게 한다. 그리고 가끔 특별한 각도에서 들어오는 빛으로 인해 중요한 상징들이 반짝이는 와중에 공간은 무형의 빛 속으로 녹아든다. 님펜부르크(Nymphenburg)의 아말리엔부르크 파빌리온(Amalienburg Pavilion) 내 도금 로카이유(rocaille)도 얕은 돋을새김으로 같은 효과를 낸다(도판 103). 벽과 가구, 하드웨어와 스콘스 등에 시금치처럼 흩뿌려진 모티브의 얕은 돋을새김은 거울과 크리스털 조명기구에 반사되고 풍부한 빛에 의해 돋보이다가도 또 쉽게 가늠할 수 없는 평면과 단면 상의 곡선에 의해 흐릿해지면서 공간을 무형의 반짝임으로 녹아들게 한다. 여기서 짚고 넘어가야 할 점은 로코코 장식은 거의 상징적이지 않으며 전혀 선전적이지 않다는 것이다. 장식은 공간을 흐릿하게 만들지만 여전히 건축적이다. 그러나 비잔틴 교회에서 선전적 상징성은 건축을 압도한다.

라스베이거스 상업가로

야간의 라스베이거스 상업가로는 마르토라마 인테리어처럼 어두운 무정형 공간 안에서의 상징적 이미지이지만 아말리엔부르크처럼 은은히 빛나기보다는 반짝거린다(도판 104). 공간이나 방향에 대한 인지는 빛에서 반사되는 형태들보다는 빛나는 간판으로부터 나온다(도판 105). 상업가로에서 빛의 원천은 직접적이다. 간판 자체가 광원이 된다. 간판들은 외부의 (종종 숨겨진) 광원에서 나오는 빛을 반사하는 대부분의 광고판 및 모던 건축의 경우와는 다르다. 네온 불빛의 기계적 움직임은 태양 이동과 관람객 속도에 의존하는 모자이크 반짝임에 비해 더 신속하다. 우리 기술이 허용하고 우리 감각이 반응하게 되는 더 넓은 공간, 더 빠른 속도, 더 큰 효과에 적합하게끔 상업가로 빛의 강도와 그 움직임의 속도는 더 증대된다. 우리 경제의 속도 또한 광고 예술이라 알려진 환경 장식이 변화가능하고 폐기 가능하기를 장려한다. 이제 메시지는 달라졌지만 그럼에도 방법은 동일하다. 그리하여 건축은 더 이상 '빛 속에 보이는 덩어리들의 능숙하고 정확하며 아름다운 유희'로만 존재할 수 없다.

낮 시간의 상업가로는 더 이상 비잔틴이 아닌, 다른 장소이다(도판 106). 건물 형태는 눈에 보이지만 시각적 효과와 상징적 내용에서 간판보다 부차적이다. 도시 확장에서의 공간은 전통 도시들에서처럼 구획되고 방향지어지지 않는다. 그보다는 공간 속 포인트와 바닥 위 패턴으로 정해지는, 비규정적이고 열려 있는 곳이다. 공간 속 건물 이라기보다는 공간 속 2차원 혹은 조각적인 상징이고 그래픽 혹은 재현적인 복합 형 태이다. 상징으로 작용하는 간판과 건물들은 자기 위치와 방향을 통해 공간을 규정하 고 공간은 다시금 전신주와 거리, 주차 패턴에 의해 규정되고 방향 지워진다. 주거지 확장에서는 거리를 향한 집의 방향, 장식된 셰드로서의 스타일 처리, 그리고 그 조경 과 잔디밭에 놓여진 물건들이 (마차바퀴, 사슬에 연결된 우편함, 콜로니얼 풍의 램프, 울타 리 등) 공간을 규정하는 요소로서 상업적 확장에서의 간판을 대신한다(도판 107, 108).

로마포럼(Roman Forum)의 복합적인 건축적 축적이 그렇듯이, 낮 시간의 상업가로 는 형태만 인식하고 상징적 내용을 배제할 경우 혼돈스럽게 보인다. 포럼은 상업가로 와 마찬가지로 겹겹의 의미가 존재하는 상징의 풍경이고 그 의미는 도로와 건물의 위 치, 앞선 건물을 표상하는 건물, 쌓아올려진 조각 등에서 분명히 드러난다. 포럼은 형 태적으로는 끔찍하게 혼란스러운 상태지만 상징적으로는 풍부한 혼합물이다.

일련의 로마 개선문은 광고판의 원형이다(스케일, 속도, 내용 등이 조금씩 수정된 것 이다). 벽기둥, 페디먼트, 코퍼를 포함한 건축 장식은 건축적 형태를 향한 하나의 제스 처일 뿐인 얕은 돋을새김의 한 종류이다. 이는 벽표면을 차지하기 위해 경쟁하는 비문 및 행진 모습의 돋을새김처럼 상징적이다(도판 109). 광고판처럼 메시지를 전달하는 기 능과 함께 로마 포럼의 개선문은 복잡한 도심 풍경에서 행진 대열의 경로를 잡아주는 공간 표지이기도 했다. 66번 도로에서 다가오는 자동차들을 향해 일정한 각도로, 또 일정한 거리만큼 떨어져 늘어선 광고판들도 동일한 형태적-공간적 기능을 수행한다. 산업 확산에서 가장 밝고 깨끗하고 잘 관리된 요소이기 마련인 이 광고판들은 풍경을 가리고 미화시키기도 한다. 로마 아피아 가도(Via Appia)를 따라 기념 묘가 배치되었듯 광고판들은 도시 확장 너머 광활한 공간까지 길을 표시한다. 하지만 형태, 위치, 방향 이라는 공간적 특징은 상징적 기능에 비해 부차적이다. 비문과 얕은 돋을새김을 통해 콘스탄티누스의 승리를 광고했듯 고속도로를 따라 그래픽과 모델의 몸매를 통해 태닝 크림 타냐를 광고하는 것은 공간을 규정하는 것보다 더욱 중요하다(도판 110).

도시 확장과 메가스트럭처

추하고 평범한 건축, 그리고 장식된 셰드의 도심 출현은 메가스트럭처보다는 도시 확장에 더 가깝다(도판 111, 112). 지금까지 우리에게 있어서 상업적 버나큘러 건축이 어떻게 건축 상징성의 생생한 1차 원천이 되는지 설명했다. 넓은 공간과 빠른 속도라는 거친 자동차 풍경 속, 순수 건축적 공간의 미묘함이 더 이상 음미될 수 없는 그곳에서 공간 속 형태를 누르고 공간 속 상징이 승리하는 모습을 라스베이거스 연구를 통해 묘사했다. 하지만 도시 확장의 상징성은 상업 거리의 엄격한 도로변 커뮤니케이션(장식된 셰드 혹은 오리) 뿐 아니라 주거 건축에도 존재한다. 랜치(ranch) 하우스는 스플릿 레벨(split level) 이든 아니든 몇몇 정해진 유형으로 공간을 배치하지만, 장식을 통해 콜로니얼, 뉴올리언스, 리젠시, 웨스턴, 프렌치 프로빈셜, 모던, 기타 여러가지 스타일들로 다양화 된다. 정원 딸린 아파트, 특히 미국 남서부에 있는 그런 아파트도 마찬가지로 장식된 셰드이며, 보행자 뜰은 모텔에 있는 그것처럼 자동차로부터 분리되지만 또한 근접해 있다. 도시 확장과 메가스트럭처를 표 2에 비교해 두었다.

확장 도시(Sprawl City)의 이미지(도판 113)는 과정의 결과이다. 그 점에서 이는 기능, 구조, 건축 방법의 결과로, 즉 만드는 과정의 결과로 형태가 요구되는 모던 건축의 규범을 따른다. 하지만 우리 시대에는 메가스트럭처(도판 114)가 이미지를 위해 일반적 도시 건설 과정을 왜곡한다. 모던 건축가들은 기능주의와 메가스트럭처 모두를 지지하며 모순을 드러낸다. 이들은 과정의 결과로 형성되는 도시(process city)의 이미지를 상업가로에서 목격하면서도 제대로 알아보지 못한다. 지금까지 받아들이도록 훈련받아온 것과 지나치게 다르면서도 지나치게 눈에 익은 것이기 때문이다.

표 2. 도시 확장과 메가스트럭처의 비교

도시 확장	메가스트럭처
추하고 평범한	영웅적이고 독창적인
명백한 상징성에 의존	명백한 상징성 거부
공간 속 상징	공간 속 형태
이미지	형태
혼합된 매체	순수 건축
상업 예술가들이 디자인한 대형 간판	(꼭 필요한 경우에만) '그래픽 아티스트'가 디자인한 작은 간판
자동차 환경	자동차 이전 혹은 이후 환경
자동차	대중 교통
주차장을 중시하고 보행자를 섞이게 함	보행자를 위한다는 진지하지만 이기적인 목적을 가진 "곧바로" 건축은 무책임하게 주차장을 무시하거나 피아자화 함
디즈니랜드	피아자
판매자들이 옹호함	전문가들이 옹호함
실현가능하고 건축되고 있음	기술적으로 실현가능하지만 사회적, 경제적으로 그렇지 않음
통속적 라이프 스타일	'올바른' 생활 스타일
역사적 스타일	모던 스타일
유형화된 모델 사용	독창적 창조물 사용
프로세스 시티	인스턴트 시티
브로드에이커 시티 (Broadacre City)	빛나는 도시 (Ville Radieuse)
추하게 보임	좋은 모델을 만듦
건축가들이 좋아하지 않음	건축가들이 좋아함
20세기 소통 기술	19세기 산업 비전
사회적 현실주의	과학 소설
편의성	기술적 방종
편의적	공상적
모호한 도시 이미지	전통적 도시 이미지
생동감이 있는 혼란	토틀 디자인 (디자인 검토 위원회)
시장을 위한 건축	개인을 위한 건축
올해의 문제	오래된 건축 개혁
이질적 이미지들	중류층 지식인 이미지
어려운 이미지	쉬운 이미지
어렵게 합해진 전체	손쉬운 통합

도판 100. 뜰 세 개인 집, 침실 윙 투시도, 미스 반 데어 로에

도판 101. 로마 카지노 피오(Casino Pio) V

도판 102. 팔레르모 마르토라마(Martorama)

도판 103. 님펜부르크(Nymphenburg) 아말리엔부르크 파빌리온(Amalienburg Pavilion)

도판 104. 라스베이거스 프리몬트 거리

도판 105. 라스베이거스 상업가로 야경

도판 106. 라스베이거스 상업가로 낮의 모습

도판 107. 교외 주거지 확장

EVEN MAILBOXES CAN BE CHARMING

Rural mailboxes need not be drab. Here are four ingenious ideas which four Pennsylvania residents used to dress up their roadside receptacles and brighten the mail man's day.

Since the conventional box resembles the engine hood of a tractor, one farm owner added spoke wheels, a seat and steering device, as well as a midget muffler to complete the picture. Another welded horseshoes together for a mailbox support.

Another refashioned the rounded mailbox roof into a miniature, old-time Conestoga wagon, a broad-wheeled vehicle resembling the covered prairie schooners. Four small wooden wheels were attached to the bottom of the box, and the body was painted to simulate a canvas-stretched shelter.

Still another attached his mailbox to an iron water pump located along the road, and he added his name plate to the handle of the brightly painted pump. Now he just pumps for his mail.

도판 108. 교외 우편함

도판 109. 로마 콘스탄티누스 개선문(Arch of Constantine)

도판 110. 라스베이거스 타냐 광고판

도판 111. 라스베이거스 상업가로

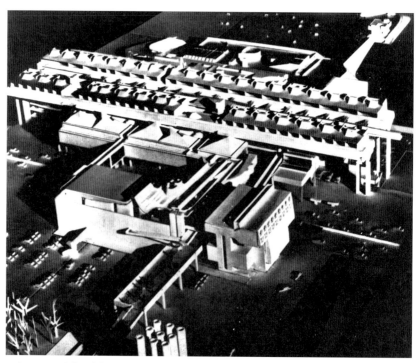

도판 112. 스코틀랜드 컴버널드(Cumbernauld) 타운 센터; 컴버널드 디벨롭먼트 코퍼레이션

도판 113. 주거지 거리

도판 114. 해비타트67(Habitat 67), 모쉐 사프디 (Moshe Safdie)

추함과 평범함의 이론, 그리고
관련되거나 반대되는 이론들

추함과 평범함의 기원, 그리고 발전된 정의

우리가 어떻게 추하고 평범한 건축에 이르렀는지 설명하기 위해 건축가로서 우리의 경험을 이야기해보자. 『건축의 복합성과 대립성』[5]을 낸 이후 우리는 우리가 설계한 건물에 복합성과 대립성이 거의 없다는 것, 상징적 내용이 아닌 공간과 구조의 순수 건축적 특징에 있어서는 최소한 그렇다는 것을 깨달았다. 우리 건물에 이중 기능이나 흔적 요소, 상황적 왜곡, 편의적 도구, 중요한 예외, 예외적 대각선, 사물 속의 사물, 밀집되거나 국한된 복합성, 라이닝(linings)이나 레이어링(layerings), 잉여 공간, 중복 공간, 모호성, 치우쳐짐 이중성, 어렵게 합해진 전체, 양쪽 선택 현상(phenomena both-and)을 집어넣는데 실패했던 것이다. 우리의 작업에는 수용, 비일관성, 타협, 조절, 적응, 초근접(superadjacency), 등가, 다초점, 병치(juxtaposition), 좋으면서 동시에 나쁜 공간도 거의 없었다.

우리가 즐겨 생각했던 복합성과 대립성을 정작 거의 사용하지 못했던 이유는 기회가 없어서였다. 벤투리와 라우쉬는 프로그램과 세팅이 복합적이고 대립적인 형태들을 정당화 할 수 있을 만큼의 큰일을 따지 못했고, 예술가로서의 우리는 비평가로서 좋아했지만 현실에 적용할 수 없는 개념들을 우리 작업에 담을 수 없었다. 건물은 건축가의 아이디어 등등을 담는 도구여서는 안 된다. 또한 예산이 충분치 못한 상황

---

5) Robert Venturi, Complexity and Contradiction in Architecture (New York: The Museum of Modern Art and Graham Foundation, 1966).

에서 건물 설계를 두 번 하고 싶지는 않았다. 사회와 예술 세계 차원에서 중요성을 지닌 영웅적 아이디어에 맞는 설계를 한 번 하고 입찰이 들어오고 나서 우리 건축 가치에 대한 클라이언트 및 사회의 제한된 아이디어를 반영해 또 한 번 설계하는 식으로 말이다. 사회가 옳은지 그른지는 그 당시 우리에게는 논쟁할 일이 아니었다. 그리하여 우리의 브라이튼 비치 하우징 참가작은 들어가 살기 위한 메가스트럭처가 되지 못했고 인디애나 콜럼버스의 소방서는 고속도로 옆 보행자 광장을 위한 공공적 기념성의 개성 있는 에세이가 되지 못했다. 이 둘은 필립 존슨과 고든 번새프트라는 서로 다른 두 비평가가 우리 작업을 묘사했듯 '추하고 평범한' 것이었다. '추함' 혹은 '아름다움'은 이 맥락에서 의미론적 질문일 수도 있지만 두 건축가는 그 정신을 어느 정도는 잡아낸 것이라 보인다.

어떻게 건설되는지, 혹은 어떻게 보여지는 지, 즉 과정 혹은 상징성이라는 두 측면에서 건축은 평범하거나 관습적일 수 있다. 관습적으로 건설하는 것은 건축 산업 및 재정 구조의 현재 상태를 받아들여 빠르고 안전하고 경제적인 구조물을 지향하며 평범한 재료와 엔지니어링을 활용한다는 것이다. 단기적 성과 면에서는 훌륭하고 클라이언트가 우리 건축가에게 요구하는 것도 대부분 그 단기적 성과이다. 단기적 성과에 관련된 건축 이론들은 편의의 이상화와 일반화를 지향한다. 장기적 성과를 위한 건축에는 적응보다는 창작이, 그리고 선진 기술 및 복합적인 조직에 대한 반응이 요구된다. 이를 위해서는 충분한 연구가 필요한데 건축 사무소에서 장려할 수는 있겠지만 재정은 외부에서 지원되어야 한다. 클라이언트가 지불하는 돈은 충분하지도 않고, 이 목적에 맞지도 않기 때문이다. 건축가들은 인정하고 싶어 하지 않지만 대부분의 건축 문제들은 편의적 유형의 문제이고 더 많은 건축가들이 사회 문제에 관여할수록 이는 더 그렇게 된다. 세상은 건축가가 자신의 유토피아를 짓도록 기다려주지 않는다. 건축가의 주된 관심사는 되어야 하는 것이 아닌 현재 있는 것, 그리고 현재 있는 것을 개선하는 방법에 맞춰져야 한다. 이러한 건축가의 역할은 모던(Modern) 운동이 기대했던 것보다 더 소박하지만 예술적으로는 보다 긍정적이다.

상징 및 스타일로서의 추함과 평범함

예술적으로 볼 때 평범한 건축에서 관습적 요소를 사용하는 것(벙어리 문손잡이든, 기존 건축 체계의 익숙한 형태이든)은 과거 경험으로부터의 연상을 일으킨다. 이러한 요소들은 기존 어휘나 표준 카탈로그에서 신중하게 선택되어 사려 깊게 적용될 것이다. 고유 데이터나 예술적 영감을 통해 독창적으로 창조되기보다는 말이다. 예를 들어 창문을 설계한다면 내부 공간에 들어올 빛이나 바람을 조절하는 추상적 기능뿐 아니라 기존에 알고 있고 새로 알게 되는 온갖 창문들의 이미지와 함께 작업을 시작한다. 이런 접근은 상징적 및 기능적인 면에서 관습적이지만 의미의 건축을 장려한다. 표현의 건축보다 덜 극적일지는 몰라도 더 광범위하고 풍부한 의미의 건축이다.

영웅적이고 독창적인(H&O, heroic and original) 건축이 '고유한' 요소들의 함축적 의미로부터 극적 표현을 끌어낸다는 점을 앞서 설명했다. 건축 요소의 인상(印象) 특성에서 인식 가능한 추상적 의미, 혹은 표현이 만들어진다. 반면 추하고 평범한(U&O, ugly and ordinary) 건축은 익숙한 요소에서 나오는 명시적 의미 또한 포함한다. 연상과 과거 경험을 통한 구체적 의미를 나타낸다. H&O 소방서의 브루탈리즘(brutalism)은 그 거친 텍스처에서 나온다. 공공의 기념성은 큰 스케일에서 나온다. 구조와 프로그램 및 '재료에 대한 진실함'을 표현하는 것은 형태의 특정 표출(articulation)에서 나온다. 전체 이미지는 추상적 형태, 텍스처, 색깔이 세심하게 결합됨으로써 전달되는 이들 순수 건축적 특성들로부터 나온다(도판 115). 우리 U&O 소방서의 전체 이미지, 특정 용도와 공공 특성을 의미하는 이미지는 길가 건축의 관습으로부터 나온다. 이는 장식된 겉치레 앞면에서, 표준 알루미늄 새시와 롤업 도어의 평범함 및 앞쪽의 깃대로부터 나온다. (가장 명시적인 상징, 즉 '4번 소방서'라는 글씨로 자기 정체를 밝히며 눈에 확 들어오는 간판은 말할 나위도 없다) (도판 116) 이들 요소는 표현적 건축 추상화로, 또한 상징으로 작용한다. 이들은 단순히 평범한 것이 아니라 상징적 양식적으로 평범함을 재현한다. 문자 그대로의 뜻을 덧붙이기 때문에 의미가 풍성해지기도 한다.

풍성함은 관습적 건축에서 올 수 있다. 3백 년 동안 유럽 건축은 클래식 규범의 변이형이었다. 풍성한 동조(conformity)였던 것이다. 하지만 풍성함은 익숙하고 관습적인 요소의 스케일과 컨텍스트를 조정하여 평범하지 않은 의미를 만들어 내는 것에서도 올 수 있다. 팝 아티스트들은 오래된 연상과 새로운 연상들 사이의 강하고 선명한 유희 속에서 일상적 사물들을 낯설게 병치하여 컨텍스트와 의미의 일상적인 상호의존성을 깨뜨렸으며, 이는 우리에게 20세기의 문화적 창조물에 대한 새로운 해석을 제공한다. 익숙한 것이 살짝 어긋나면 기묘하고도 강력한 힘을 지니게 된다.

길드 하우스의 오르내리창도 형태적으로는 익숙하지만 크기가 유난히 크고 수평적 비율이라는 점에서는 앤디 워홀 그림의 커다랗게 왜곡된 캠벨 수프 깡통과 비슷하다. 이 전형적 창문은 동일한 형태와 비율의 더 작은 창문들과 병치된다. 작은 창문 뒤쪽 평행 평면에 놓인 더 큰 창문의 정확한 위치는 시점을 통한 거리의 습관적 인식을 방해한다. 이로 인해 발생하는 상징적 시각적 긴장은 지루한 건축을 흥미롭게 만드는 방법이다. 오늘날의 엄격하지만 지루한 미니메가스트럭처의 의미 없는 표출보다 훨씬 더 유효한 방법이다(도판 117).

오리에 대항하기, 혹은 영웅적 독창성 위에 추함과 평범함을 놓기, 혹은 덜 생각하기

평범함이 오늘날의 예술적 컨텍스트에서 지니는 역설적인 풍성함을 강조하느라 더 넓은 기반에서 U&O 건축의 적절성과 필연성을 논의하지 못해서는 안 될 것이다. 우리는 어째서 조각된 오리를 통한 영웅적인 상징성보다 장식된 셰드를 통한 평범함의 상징성을 옹호하는 것일까? 시대가 맞지 않기 때문이다. 지금 우리 시대는 순수 건축을 통한 영웅적 커뮤니케이션에 적합한 환경이 아니다. 모든 매체에는 각자의 시대가 있다. 우리 시대의 수사적 환경 명제는 (공공이든 상업이든 주거이든) 더 순수하게 상징적이고 덜 정적이고 우리 환경 스케일에 더 적응적인 매체에서 올 것이다. 보려고만 든다면 도로변 상업 건축의 도상학과 혼합 매체가 우리에게 길을 알려줄 것이다.

오크 스트리트의 노인 주거건물이 기념비가 되어야 한다면, 보다 경제적이고 사회적으로 책임을 다하며 관습적인 아파트 건물이 되어야 할 것이며 고속도로 변에 잊힌 채 서서 꼭대기에 '나는 기념비이다(I AM A MONUMENT)'라고 깜빡거리는 커다란 간판을 달고 있어야 한다. 장식은 값이 싸다(도판 139).

건축에서의 상징성과 연상 이론들

장식된 셰드 논의에서 기본이 되는 것은 상징성이 건축에서 핵심적이라는 가정, 그리고 과거 시대나 현존 도시에서 얻는 모델이 원천 자료의 일부라는 가정이다. 요소들의 복제(replication) [6]는 이런 건축 디자인 방법의 일부이다. 다시 말해 인식에서 연상에 의존하는 건축은 창조에서도 연상에 의지한다는 것이다.

우리는 의미론이나 선험적 이론화라는 추상적 방법[7]이 아니라, 프로그램적으로 구체적인 사례를 통하여 건축에서의 상징성을 정당화하고자 접근해왔다. 하지만 다른 접근들도 비슷한 결과를 얻었다. 앨런 콜쿤은 '사회 내 커뮤니케이션 체계'의 일부로서의 건축에 대해 쓰면서, 디자인에서 형태 유형론을 사용하는 인류학적 심리적 기반을 묘사했다. 우리가 '과거의 형태에서, 유형적 모델로서의 이 형태들의 사용가능성으로부터 자유롭지 않을 뿐 아니라 스스로 자유롭다고 가정할 경우 남들과 커뮤니케이션할 수 있는 우리 상상력과 힘의 능동적 영역에 대한 통제권을 상실해버린다'[8]고 한 것

---

6) G. Hersey, "Replication Replicated," Perspecta 10, The Yale Architectural Journal, New Haven (1955), pp. 211-248.

7) These abstract approaches have recently been explored in a series of essays edited by Charles Jencks and George Baird, Meaning in Architecture (New York: George Braziller, 1969). We are indebted particularly to the formulations of Charles Jencks, George Baird, and Alan Colquhoun.

8) Alan Colquhoun, "Typology and Design Method," Arena, Journal of the Architectural Association (June 1967), pp. 11-14, republished in Charles Jencks and George Baird, Meaning in Architecture.

이다.

콜쿤은 원시 문화 산물들의 표상적(representational) 특성과 그 사이의 관계를 설명하고, 기술 생산물이 '도상 가치'를 갖게 해주는 연속적인 인류학적 토대에 대해 논하였다. 원시인들의 우주 체계는 '자연에 가까운 것'이 아니라 지적이고 인공적인 것이었다. 이와 관련해 콜쿤은 친족 체계에 대한 클로드 레비 스트로스의 다음 설명[9]을 인용하고 있다.

'물론 인류 사회에서 생물학적 가족은 지금도 존재하고 지속된다. 하지만 친족에게 사회적 사실이라는 특성을 부여해주는 무언가는 자연에서 보존해야만 하는 무언가가 아니다. 자연에서 분리되는 것은 필수 단계이다. 친족 체계는 객관적 혈연으로 구성되지 않는다. 인간의 의식 속에만 존재한다. 이는 인공적인 상징(representations) 체계이지 사실 상황의 자생적 발전이 아니다.'

이어 콜쿤은 다음과 같이 주장한다.
'이런 체계들과 모던 인간이 여전히 세상에 접근하는 방법 사이에는 평행관계가 존재한다. 실용적 감정적 삶의 모든 측면 중 원시 인간에게 진실한 것은 일관되고 논리적인 방식으로 현상 세계를 재현(represent)하려는 욕구이다. 그 욕구는 우리 조직에도, 더 구체적으로는 우리 환경 속 인간이 만든 많은 대상을 대하는 태도에도 계속 존재한다.'[10]

예술과 건축에서의 표상(representation)을 향한 인식-심리적 필요성이라는 콜쿤의 주장은 곰브리치가 쓴 『장난감 목마에 대한 명상』에 토대를 둔다. 곰브리치는 '모양에

9) Claude Ldvi-Strauss, Structural Anthropology (New York: Basic Books, 1963).

10) Colquhoun, "Typology and Design Method," pp. 11-14.

는 우리와 직접 소통하는 인상(印象) 혹은 표현적 내용이 존재한다'[11])는 모던 표현주의 이론의 믿음을 서부한다. 콜쿤은 곰브리치의 논의를 다음과 같이 정리한다.

'칸딘스키 그림에서 나타나는 것과 같은 형태 배열은 실상 내용 면에서는 매우 빈약하다. 형태 자체에 내재하지 않는 관습적 의미 체계를 우리가 형태와 연결 짓지 않는다면 말이다. 표현적 가치가 전혀 없지는 않더라도 인상(印象) 형태는 모호하고 또한 특정 문화적 환경에서만 해석될 수 있다.'[12])

곰브리치는 신호등에 사용되는 색깔들의 내재적 정서적 특성을 통해 이를 설명했다. 콜쿤은 중국에서는 붉은 색이 행동과 전진 운동을 나타내는 진행 신호로, 초록색은 행동 중단과 주의를 나타내는 정지 신호로 도입되었다고 소개하며 이 간단한 전환은 형태 의미를 이해하는 데 있어 인상(印象)보다 관습이 우선한다는 것을 잘 보여준다고 하였다.

콜쿤은 형태가 이전의 연상 혹은 미학적 이데올로기보다는 물리나 수학 법칙을 적용한 결과여야 한다는 모던(Modern) 건축의 명제를 반박한다. 이들 법칙은 인간이 만들어낸 것일 뿐 아니라 실제 세계, 심지어 기술이 발전된 세계라 해도 전적인 결정력을 갖지 못한다. 그리하여 자유 선택의 영역이 존재하게 된다. '순수 기술의 세계에서 이 영역이 항상 이전 해법의 적용을 통해 해결된다면' 아직도 법칙과 사실이 직접적으로 형태와 연결되지 못하고 있는 건축 영역에서는 더욱 그러할 것이다. 콜쿤은 표상 (representation)의 체계가 객관적 세상의 사실들로부터 완전히 독립적일 수 없다고 인정하면서 '건축의 모던 운동은 산업 이전 시대에서 이어져 왔으나 급변하는 기술의 컨텍스트에서는 더 이상 유효하지 않아 보이는 표상(representation) 체계를 조정해보려는 시

---

11) E. H. Gombrich, Meditations on a Hob by Horse and Other Essays on Art (London: Phaidon Press; Greenwich, Conn.: New York Graphic Society, 1963), pp. 45-69.

12) Colquhoun, "Typology and Design Method," pp. 11-14.

도였다'[13]고 정리한다.

물리적 법칙과 경험적 사실을 형태의 근본 원천으로 보는 모던 건축 이론의 시각을 콜쿤은 '생물-기술학적 결정론'이라고 부른다.

'이 이론으로부터 과학적 분석과 분류 방법에 최고의 중요성을 부여하는 오늘날의 믿음이 유래했다. 모던 운동에서 기능적 원칙의 본질은 미, 질서나 의미가 불필요하다는 것이 아니라, 최종 형태를 찾는 신중한 과정에서는 이를 더 이상 찾을 수 없다는 것, 사물이 관람자에게 미학적으로 영향을 미치는 경로는 형태화 과정의 합선(short-circuiting)으로 보인다는 것이다. 형태는 작동적 필요와 작동적 기술이 합쳐지는 논리적 과정의 결과일 뿐이다. 궁극적으로 이는 생물학적 삶의 연장으로 융합될 것이고 기능과 기술은 완전히 투명하게 될 것이다.'[14]

모던(Modern) 이론은 이 접근에 내재된 한계, 기술 엔지니어링 문제에 대한 한계까지도 (모호하게나마) 인식했다. 하지만 역사적 모델을 참조하지 않고 직관이라는 마술을 결합함으로써 이를 극복할 수 있다고 보았다. 의도와 결정론적 과정에서 나오는 형태는 르 코르뷔지에, 라슬로 모호이너지 등 모던 운동의 지도자들이 건축 디자인을 규정하는 '직관', '상상', '창의성', '자유롭고 무수히 많은 형태를 결정짓는 이벤트(plastic event)'를 정의한 저술에서 인식되었다. 그 결과 모던 운동의 원칙에는 '한편에는 생물학적 결정론, 다른 한편에는 자유로운 표현이라는 명백히 모순적인 두 개념 사이의 긴장'이 자리 잡았다고 콜쿤은 설명한다. '과학'을 위해 전통적 관행을 배제함으로써 메꿔야 할 진공 상태가 남겨졌고 아이러니컬하게도 이는 허용적 표현주의의 형태로 채워졌다. '표면적으로는 딱딱하고 이성적인 디자인 규율로 보이던 것이 역설적이게도 직관적 과정에 대한 미신으로 드러난다.'[15]

---

13) Ibid.

14) Ibid.

15) Ibid.

견고함+유용함≠아름다움: 모던 건축과 산업적 버나큘러

헨리 우튼 경에 따르면 비트루비우스는 건축이 견고함과 유용함, 그리고 아름다움이라고 했다. 그로피우스(혹은 그 추종자들)는 조금 전 설명한 생물-기술적 결정론을 통해 견고함과 유용함의 합이 아름다움이라고 하였다. 구조와 프로그램이 형태를 낳고 '아름다움'은 그 부산물이며 (이 등식을 조금 다르게 다뤄보면) 건축하는 과정이 건축의 이미지가 된다는 생각이었다. 1950년대에 루이스 칸은 건축가가 자기 디자인의 결과 앞에서 놀라야 한다고 말했다(도판 118).

이 등식에는 과정과 이미지가 절대 모순되지 않는다는 점, 아름다움은 이 단순한 관계의 명확성과 조화가 빚어내는 결과로서 상징성과 장식의 아름다움 혹은 이미 존재하는 형태의 연상에 의해 영향 받지 않는다는 점이 가정된다. 건축은 동결된(frozen) 과정이다.

모던(Modern) 운동 역사가들은 모던 건축의 원형(prototype)으로서 19세기와 20세기 초의 혁신적 엔지니어링 구조에 집중했지만 마이야르(Maillard) 다리는 건축이 아니고 프레이진넷(Freysinnet) 격납고도 거의 건축이 아니라는 점이 중요하다. 엔지니어링 해법인 이들 프로그램은 단순하고 건축적인 프로그램의 본질적 대립성을 지니지 않는다. 이들 구조에 요구되는 것은 지름길로 안전하고 값싸게 협곡 건너가기, 혹은 지주 없이 비를 피할 큰 공간 확보하기가 전부이다. 이토록 단순하고 실용적인 구조물에도 존재할 수밖에 없는 상징적 내용, 쿨쿤이 유형(typologies)이라 불렸던 것의 그 피할 수 없는 사용에 대해 모던 운동 이론가들은 무시로 일관했다. 이들 형태에서 드물지 않게 나타나는 장식은 당시의 특징이었던 일탈적인 건축적 숙취로 치부되었다. 하지만 실용적 수퍼스트럭처의 장식은 어느 시대든 존재했다. 중세 도시의 방어벽 위쪽에는 다양하고 정교한 총안 설비가 되어 있었고 수사적으로 장식된 문이 달려 있었다. 산업 혁명의 고전적 (혁신적이기보다는 고전적으로 파악되고 있는) 구조물들에 적용된 장식은 장식된 셰드의 또다른 형태이다. 프레임 브리지의 정교한 거짓 플레이트(gusset plate), 로프트 건물의 세로 홈 주철 기둥의 변형된 코린티안 양식 캐피탈, 건물 전면의 절충적 스타일 출입구와 멋진 파라펫이 그 예이다.

모던 운동 건축가 및 이론가들은 선택적으로 건물을 살피거나 사진을 편의적으로 자르는 등의 방법으로 19세기 산업 건축에서 셰드의 장식을 무시했다. 심지어 건축가들이 이들 건물의 단순함보다는 복합성(예를 들면 영국 중부 산업 지대 공장의 복합적인 매싱과 고측창이 있는 지붕선)을 강조하는 오늘날에도 장식들은(드물지 않게 사용되면서도) 여전히 폄하된다.

미스 반 데어 로에는 중서부에 있는 앨버트 칸의 공장에서 뒷면만을 보고 산업용 새시를 프레임하는 강철 I섹션의 미니멀 어휘를 발전시켰다. 칸의 셰드 앞면은 행정 사무실을 포함하고 있는 20세기 초의 창조물이며 역사적으로 절충적인 양식이기보다는 우아하게도 아르데코에 가깝다(도판 119, 120). 이 양식의 특징인 앞면의 조형적인 매싱은 뒷면의 철골과 극명하게 대비된다.

산업적 도상성

미스 반 데어 로에가 장식을 잊었다는 점보다 더 중요한 것은 그가 셰드를 모방했다는 것, 파사드보다는 건물 몸체에서 연상을 끌어냈다는 것이다. 모던(Modern) 운동의 건축은 초기 몇 십 년 동안 몇몇 거장들을 통해서 다양한 산업 모델을 바탕으로 형태 어휘를 발전시켰다. 이 산업 모델의 관습과 비율은 르네상스 고전적 질서 못지 않게 명백했다. 1940년대에 미스 반 데어 로에가 직선형 산업 건물에 한 것은 1920년대에 르 코르뷔지에가 부드러운 형태의 곡물 엘리베이터에 했던 것, 1930년대에 그로피우스가 1911년 자신의 파구스 공장 건축을 모방해 바우하우스에 했던 것이었다. 그들의 공장과 같은 이들 건물은, 역사가들이 예술가와 예술 사조들 사이의 영향을 기술해온 측면으로 본다면, 가까운 과거의 산업적 버나큘러 구조에 단순히 '영향을 받은 것' 그 이상이었다. 그 건물들, 특히 그 상징적 내용은 명백히 이들 원천에서 적용되었는데 이는 유럽 건축가들에게 산업 구조물은 과학과 기술이라는 완전히 새로운 신세계를 재현하는 것이었기 때문이다. 초기 모던(Modern) 운동의 건축가들은 역사적 절충주의가 한물갔다고 인정하면서 그 상징성 대신 산업적 버나큘러의 상징성을 취했다.

바꾸어 말하자면, 그들은 여전한 낭만주의자로서 새로운 감수성을 성취하였는데, 이는 초기 낭만주의자들처럼 과거의 양식적 장식의 복제를 통해 다른 시간을 떠올려 주는 것이 아니라, 다른 장소, 그들이 도시의 공공영역으로 옮겨온 트랙의 반대편에 있는 현대 산업 지구를 떠올려 주는 것을 통해서였다. 즉 모던 건축가들은 유형적 모델에 기반한 디자인 방법을 사용했으며 산업혁명의 진보적 기술에 대한 그들의 해석을 바탕으로 건축적 도상성을 발전시켰다(도판 121).

콜쿤은 '과학자로서는 상상하기 어려울 수준의 찬사를 보내면서 순수 기술, 그리고 그 기술의 창조를 위한 이른바 객관적 디자인 방법을 설파해온 디자인 분야 사람들'에 의한 '도상적 힘'을 언급하였다 [16]. 또한 그는 '본래부터 그런 목적으로 창조되었건 아니건 모든 사물이 지니고 있는 아이콘이 되는 힘'에 대해 썼으며 19세기 증기선과 기관차를 예로 들며 '1차적으로는 실용적 목적을 가지고 만들어진' 사물이 '곧바로 게슈탈트(gestalt) 개체가 되고 미학적 통일성'과 상징적인 특성으로 채워진다고 인용하였다. 공장들이나 곡물 엘리베이터와 마찬가지로 이러한 사물들은 명백한 유형적 모델이 되었고 건축가들이 반대되는 말을 했음에도 모던 건축 디자인에 지대한 영향을 미치며 상징적 의미들의 원천으로서 작용했다.

산업적 스타일링과 큐비스트 모델

후기 비평가들은 '기계 미학'이라 불렀고 다른 이들도 그 용어를 받아들였지만, 모던 거장들 중 독특하게도 르 코르뷔지에만은 『건축을 향하여(Vers une Architecture)』에서 자기 건축의 산업적 원형들을 상세히 설명했다(도판 122). 하지만 그조차도 증기선이나 곡물 엘리베이터를 연상보다는 형태로, 산업적 이미지보다는 단순한 기하학으로 보았다. 다른 한편, 책에 그려진 르 코르뷔지에의 건물들이 증기선 및 곡물 엘리베이터와 물리적으로 유사하다는 점, 그러나 단순한 기하학 형태로서 그려진 판테온, 산타

---

16) Ibid.

188

마리아 인 코스메딘 교회의 가구들, 미켈란젤로의 성 베드로 성당 디테일과는 닮지 않았다는 점이 매우 중요하다. 산업적 원형은 모던 건축의 문자 그대로의 모델이 되었고 반면 역사적 건축적 원형들은 일부 특성을 위해 선택된 아날로그에 불과했다. 다시 말해 산업적 건물은 상징적으로 옳았고 역사적 건물은 그렇지 않았다.

당시 르 코르뷔지에 건축의 추상적 기하학적 형태주의에 있어 모델이 된 것은 큐비즘이었다. 이는 해상-산업(nautical-industrial) 이미지 모델에 부분적으로나마 대항하는 두번째 모델로서 빌라 사보아의 산업적 새시와 나선형 계단을 감싸며 떠있는 스터코 마감의 평면을 설명해준다. 역사가들이 이 시기의 회화와 건축 사이 관계를 시대정신(Zeitgeist)의 조화로운 발산이라 묘사하긴 했지만 실상 회화의 언어를 건축에 적용시킨 것에 더 가까웠다. 순수하고 단순한, 때로는 흐르는 공간을 꿰뚫는 투명한 형태 체계는 큐비즘과 명백히 연결되었고 '빛 속에 보이는 덩어리들의 능숙하고 정확하며 아름다운 유희'라는 르 코르뷔지에의 유명한 그 시대 건축 정의에 들어맞았다.

인정되지 못한 상징성

말해진 것과 행해진 것 사이의 모순은 초기 모던 건축에 늘 있었다. 발터 그로피우스는 '인터내셔널 스타일'이라는 용어를 외치면서도 나름의 건축 스타일을 만들어냈고 또한 산업 과정에서 상당히 멀리 떨어진 산업 형태 어휘를 퍼뜨렸다. 아돌프 로스는 장식을 비난했지만 자기 디자인에는 아름다운 무늬를 넣었고 시카고 트리뷴 지 공모에 당선되었다면 마천루 역사에서 가장 멋진, 하지만 역설적이게도 상징적인 건축물을 세울 뻔했다. 르 코르뷔지에의 후기 작품은 거부했던 상징성 전통을 잇는 데서 출발했고 그 독특한 버나큘러 형태는 다양한 모습으로 여전히 우리 곁에 남아 있다.

하지만 정통 모던 건축에서 상징성과 연상의 역할을 굳건히 한 것은 이미지와 본질 사이의 바로 그 모순(혹은 상응의 결핍)이었다. 앞서 말한 대로 모던 건축의 상징성은 대개 기술적이고 기능적이었지만 이들 기능적 요소가 상징적으로 작용할 때 기능적으로는 대개 작용하지 않는다. 예를 들어 미스 반 데어 로에의 상징적으로는 노출되었지만 본질적으로는 감춰진 강철 프레임이 그렇고, 콘크리트 블록에 사용된 루돌프의 배통 브뤼가 그러하며, 그의 '기계적' 샤프트가 연구실보다는 아파트에 사용된 것도 그렇다. 몇몇 후기 모던 건축의 모순들로는 사적인 기능에 사용된 열린 공간, 서향에 사용된 유리벽, 교외 고등학교에 사용된 산업적 고측창, 먼지를 모으고 소리를 전달하는 노출 배관, 저개발국에서 사용된 대량생산 체계, 높은 인건비의 콘크리트 공사에 사용된 나무 거푸집 자국이 있다.

우리가 여기서 이들 기능적 요소들이 구조, 프로그램, 기계 설비, 조명, 산업 공정으로서 기능하는 데에 실패한 경우를 정리하는 것은 그것을 비판하기 위해서가 아니라 (기능적 차원에서는 비판받아야 마땅하지만 말이다) 그것의 상징성을 보이기 위해서이다. 우리는 초기 모던 건축적 상징성의 기능적-기술적 내용을 비판하는 데도 관심이 없다. 우리가 비판하는 것은 현재 모던 건축의 상징적 내용, 그리고 상징성을 인정하지 않는 모던 건축가의 태도이다.

모던 건축가들은 상징의 한 세트(큐비스트-산업적-과정)로 다른 세트(낭만적-역사적-절충주의)를 대체해 왔으면서도 이를 인식하지 못했다. 이 때문에 혼란과 아이러니한 모순이 여전히 우리에게 존재하고 있다. 1960년대 건축 양식의 다양성이 (구문적 올바름이나 세련된 정확성은 물론이고) 1860년대 빅토리아 절충주의의 다재다능함에 대한 도전이 될 정도이다. 케이프케네디 발사대(도판 123), 잉글랜드 중부의 산업적 버나큘러(도판 124), 빅토리아 풍의 온실(도판 125), 미래파의 최신 시도(도판 126), 구조주의자의 원형적 메가스트럭처(도판 127), 공간 프레임(도판 128), 피라네시의 카르체리(도판 129), 지중해 특유의 부드러운 형태(도판 130), 보행 스케일의 중세 공간인 토스카나 언덕 마을(도판 131), 영웅적 시대 형태 제공자의 작품들(도판 132) 등은 오늘날의 가장 멋진 건물들에 나타나는 상징적 재현의 원천으로 기능하는 모델들이다.

라 투레트(La Tourette) 수도원에서
니만 마커스(Nieman Marcus) 백화점까지

라 투레트 수도원에서 니만 마커스 백화점으로의 스타일 진화는 후기 모던 건축의 형태를 제공하는 상징주의 특유의 발전이다. 르 코르뷔지에의 뒤늦은 천재성이 강력하게 발현된 버건디 평야의 수도원(도판 133)은 지중해 동쪽 희고 유연한 버나큘러의 훌륭한 적용이다. 그 형태가 뉴헤이븐 어느 거리 끝의 예술 건축 대학 건물이 (도판 134), 코넬 캠퍼스의 벽돌 실험실이 (도판 135), 보스턴 피아자의 팔라초 푸블리코가 (도판 136) 되었다. 버건디 회랑의 최신 버전은 주차된 차들의 바다 속에서 진보적인 고상함의 순수한 상징처럼 서 있는 휴스턴 교외 웨스트하이머 거리의 백화점이다(도판 137, 138). 다시 한 번 말하지만 우리는 클래식 걸작이 다른 장소에서 다른 용도로 복제된 것을 비판하지 않는다. 이탈리아 궁전을 본 따 디자인된 보자르 백화점처럼 철학적으로 수용되어 위트 있게 사용되었다면 복제 결과가 훨씬 좋았으리라 생각하기는 하지만 말이다. 버건디에서 텍사스에 이르는 이들 일련의 건물들은 모방을 통해 독창성을 찬양하는 모던 건축가의 성향을 잘 보여준다.

맹종하는 형태주의와 표출된(articulated) 표현주의

기존 형태를 결정론적 과정의 비기능적인 모방으로 대체한 결과 혼란과 아이러니가 일어났을 뿐 아니라 인정 받지 못한 것을 맹종하는 형태주의까지 나타났다. 건축에서의 형태주의를 매도하는 계획가와 건축가들은 자신들의 프로젝트의 형태를 계획할 때가 오면 빈번히 경직되고 임의적이 된다. 건축이라는 분야의 반(反)형태주의적 독실함과 도시계획이라는 분야의 '물리적 편견'에 대한 비판을 학습해온 도시 설계자들이 자주 이런 딜레마에 빠진다. 일단 '설계 과정'이 계획되고 '개발 가이드라인'이 만들어지고 나면 건축 분야 리더의 멋진 형태를 채용한 가설적 건물들이 설계도를 가득 채운다. 우연히 해당 프로젝트의 '디자인 담당'을 맡게 된 졸업 직후의 신참들은 자신이 존경하는 그 리더의 형태 어휘가 당면 문제에 적합한지 아닌지를 확인조차 하지 않는다.

상징성과 장식을 무시하면서 표상을 표현으로 대체해가다보면 건축에서의 표현이 표현주의로 가고 만다. 후기 모던 건축의 형태적 특성이 자주 과대 평가되는 이유도 아마 추상적 형태의 희미한 의미와 꾸며지지 않은 기능적 요소들 때문인 듯하다. 반면 웨스트하이머 거리의 라투레트 같이 맥락 안에서 저평가되는 경우도 많다. 루이스 칸은 과장을 장식을 만드는 건축가의 도구라 부르기도 했다. 하지만 구조와 프로그램의 과장은 (그리고 1950년대와 60년대 배관이 곧 장식인 기계 설비의 과장은) 장식의 대체품이 되었다.

장식으로서의 표출(articulation)

장식과 명백한 상징성을 대체하기 위해 모던 건축가들은 왜곡과 지나친 표출(overarticulation)에 의존한다. 거대 스케일의 거친 왜곡과 작은 스케일의 '섬세한' 표출(articulation) 모두가 표현주의를 낳는다. 우리에게 그것은 의미도, 관련성도 없는 건축 드라마이며 거기서 진보적인 것이란 이국적으로 보이는 것일 뿐이다. 한편으로는 주거용, 공공용, 기관용 건물들의 가벼운 복합성(계단형 테라스, 아코디언 구획단면이나 평면 혹은 입면, 캔틸레버 된 고측창, 대각선 주트, 텍스처 줄무늬나 플라잉 브리지 혹은 버트레스)이 맥도널드 햄버거 스탠드의 거친 왜곡과 거의 평행하되 다만 상업가로 건축의 부조화를 정당화해줄 상업적 프로그램이나 주의를 분산시키는 세팅이 없을 뿐이라는 점을 고려하자. 다른 한편으로는 파사드의 균형을 잡고 내부 공간을 규정하며 프로그램의 다양성을 반영하는, 세심하게 표출된 구조적 프레임과 캔틸레버 된 베이를 고려하자. 분주하게 나오고 미묘하게 들어간 이들 요철 부분들은 스케일과 리듬, 풍성함을 위한 것이기도 하지만 큰 공간(대개 주차장)과 빠른 속도에서 보이게 된다는 점을 고려하면 (그들이 모방한) 르네상스 궁전의 벽기둥 위의 얕은 돋을새김처럼 관련성도, 의미도 없다.

오늘날의 표출된 건축은 마치 디스코텍의 미뉴에트 같다. 고속도로를 벗어나도 우리 감각은 여전히 그 과감한 스케일과 디테일에 맞춰지기 때문이다. 어쩌면 실제 풍경의 불협화음 컨텍스트에서 우리는 그 어떤 건축적 디테일도 참지 못하는지 모른다. 더 나아가 섬세한 표출은 입찰에 앞서 바로 삭제되는 값비싼 사치이다. 건물 앞면의 2 피트짜리 캔틸레버는 건축가만이 알아볼 수 있는 세심한 프로그램 뉘앙스에 맞춰진 것일지 몰라도 보다 부유했던 시대의 숙취일 뿐이다. 오늘날 프로그램은 건축 과정에서 변화할 수 있다. 우리는 형태와 일시적인 기능을 연결하는 문자 그대로의 결합을 감당할 여유가 없다. 요약하자면 오늘날의 형태는 우리 환경 속에서 맡은 기능에 비해 너무 단호하고 다른 한편 오늘날의 디테일은 우리 환경의 음색에 비해 너무 예민하다. 하지만 반대편 극단에는 친밀감과 디테일을 향한 개인적 요구가 있다. 모던 디자인이 충족시키지 못하는 그 요구는 5/8 스케일로 줄인 디즈니랜드의 건물들, 정원 아파트 파티오의 휴먼 스케일 캐리커쳐, 레빗타운 모델 홈의 7/8 스케일 멋진 인테리어 가구들이 충족시켜 준다.

공간이라는 신

지금 우리 건축에서 가장 폭군적인 요소는 아마도 공간일 것이다. 공간은 사라진 상징성이 만든 진공 상태를 채우면서 건축가들에 의해 고안되고 비평가들에 의해 신격화되어 왔다. 추상적 표현주의 건축에서 표출(articulation)이 장식을 대체해왔다면 공간은 상징성을 대신하는 존재이다. 카르체리감옥에서 케이프 케네디 로켓 기지에 이르는 우리의 영웅적하고 독창적인 상징들은 우리의 후기 낭만적 에고를 채우고 새로운 건축 시대를 위한 표현적이고 곡예적인 공간에 대한 욕망을 채워준다. 그것은 공간이자 빛, 더 극적으로 되기 위해 공간을 왜곡하는 요소로서의 빛이다. 19세기 영국 중부 산업지대의 제분소를 오늘날 공간적으로 재현하는 것은 의미 없는 차용을 보여준다. 초기 산업 건축의 복잡한 대각선 고측창이나 유리로 된 벽과 지붕은 겨울이 길고 겨울 해는 짧은 위도에서 12시간 노동을 하기 위해 자연 채광을 확보하고 인공 조명을 최소화하기 위함이었다. 다른 한편 맨체스터 제분소 주인은 여름에는 시원한 날씨에, 겨울에는 낮은 난방 기준에, 그리고 컨디션을 잘 참아내며 새는 곳을 보수하는 값싸고 말 잘 듣는 노동력에 의존할 수 있었다. 하지만 오늘날 대부분의 건물들은 채

도판 115. 뉴헤이븐 중앙 소방서, 1959~1962: 건축가 얼 P. 칼린(Carlin), 폴 E. 포지(Pozzi)와
피터 밀라드(Millard) 합작

도판 116. 인디애나 콜럼버스 4번 소방서, 1965~1967: 벤투리와 라우쉬

도판 117. 길드 하우스, 창문

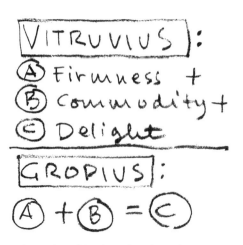

도판 118. 비트루비우스와 그로피우스(Gropius)

도판 119. 일리노이 클리어링의 레이디 에스더 사 공장: 앨버트 칸(Kahn)

도판 120. 레이디 에스더 사 공장

도판 121. 독일 데사우(Dessau)의 바우하우스,
1925–1926; 발터 그로피우스(Gropius)

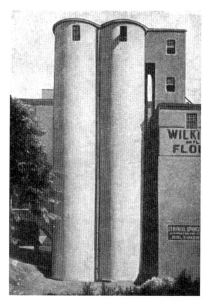

도판 122. 르 코르뷔지에의 '새로운 건축을 향하여
(Towards a New Architecture)'에 소개된
곡물 엘리베이터

도판 123. 케이프 케네디 발사대

도판 126. 지하철을 위한 프로젝트,
1914; 안토니오 산텔리아(Sant'Elia)

도판 124. 캔터베리 성 스테파노 맥아 저장고
(St. Stephen's Maltings)

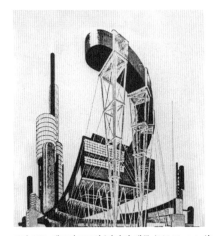

도판 127. 체르니코프의 '판타지 개론 (101 Fantasies)'에
실린 산업 건물을 위한 러시아 구성주의 스케치

도판 125. 영국 큐(Kew) 가든 내 야자수실(Palm House)

도판 128. 지오데식 플레이돔(Geodesic Playdome);
버크민스터 풀러

도판 130. 이탈리아 프로치다(Procida)

도판 129. 카르체리(Carceri); 조반니 바티스타 피라네시
(Piranesi)

도판 131. 이탈리아 산 지미냐노(San Gimignano)의
카보우르(Cavour) 광장

도판 132. 인도 찬디가르(Chandigarh)의 대법원 건물,
1951-1956; 르 코르뷔지에

도판133. 프랑스 에브루(Evreux) 라 투레트 수도원(Monastery of La Tourette),
1956-1960; 르 코르뷔지에

도판 134. 뉴헤이븐 예일대 예술 · 건축 대학 건물,
1962-1963; 폴 루돌프(Rudolph)

도판 135. 뉴욕 이타카 코넬 대학교 농경학 건물,
1963-1968; 울리히 프란젠(Franzen)

도판 136. 보스턴 시청, 1964; 칼먼(Kallman), 맥키넬(McKinnell), 노울즈(Knowles)

도판 137. 텍사스 휴스턴 니만 마커스(Nieman Marcus) 백화점;
　　　　HOK(Hellmuth, Obata & Kassabaum)

도판 138. 니만 마커스(Nieman Marcus) 백화점

광을 위한 유리벽이 아니라 바깥을 내다볼 수 있는 창문을 필요로 한다. 왜냐하면 우리의 조명 기준은 자연채광만으로 만족되는 것보다 높아졌으며, 천장 속에 에어 컨디셔닝 장치를 넣기 위해서 또한 예산에 맞추기 위해서 유리의 면적은 작게 유지되어야 하고 천장은 꽤 낮아져야 했기 때문이다. 따라서 우리의 미적 효과는 빛이 아닌 보다 상징적이고 덜 공간적인 원천에서 나와야 한다.

메가스트럭처와 디자인 통제

최근의 모던 건축은 형태를 거부하면서 형태주의를 성취했고 장식을 무시하면서 표현주의를 촉진시켰으며 상징을 부정하며 공간을 신격화했다. 복합적이고 대립적인 이 불편한 상황이 혼란과 아이러니를 낳았다. 아이러니하게도 우리는 모던 거장들의 형태를 복제하면서 독창성을 찬양한다. 이 상징적 개인주의는 예산에 미치는 영향을 제외한다면 거의 피해가 없다. 하지만 거장의 고유한 창조물을 영웅적으로 복제해 전체 풍경에 심는다면 이건 피해가 된다. 메가스트럭처와 토털 디자인에 대한 모던 건축의 성향 뒤에는 바로 이러한 상징적 영웅주의가 자리 잡고 있다. 개별 건물의 형태에서 설계 과정을 증명하라고 요구하는 건축가들도 도시 형태에서의 그런 증명은 거부한다. 도시는 옹호하기가 보다 쉬운 데도 말이다. 토털 디자인은 많은 사람들의 의사결정을 통해 성장하는 증가형(incremental) 도시의 반대 개념이다. 토털 디자인은 건축가가 혼란스러운 도시 확장을 바로잡는 메시아 역할을 할 것으로 기대한다. 순수 건축으로 만들어져 '디자인 검토'를 통해 유지되는 도시를 지향하고 오늘날의 도시 재건축과 순수예술 위원회의 건축을 지지한다. 보스턴 시청과 도심 컴플렉스는 계몽된 도시 재건축의 전형(archetype)이다. 그랜트 장군 시절의 화려함을 연상시키는 온갖 상징적 형태들, 또한 중세 피아자와 팔라초 푸블리코의 부활은 결국 지루하다. 지나치게 건축적이다. 관습적 로프트 건물이 관료들 업무에는 더 적절했을 것이다. 꼭대기에 '나는 기념비이다(I AM A MONUMENT)'라고 쓰인 반짝이는 간판을 달 수도 있었으리라(도판 139).

하지만 건축 없음이 너무 지나친 건축의 해답은 아니다. '아키텍처럴 디자인 (Archtectural Design)' 지의 반(反) 건축가들이 보인 반응은 다른 잡지들의 반대쪽 극단이 보인 태도, 중요하지 않은 세부요소들에 끝없이 집착하는 태도 못지 않게 헛된 것이었다. 지어지거나 전원이 연결되거나 바람이 들어가 부풀려지는 일이 거의 없어 덜 해로웠다고 할 수 있을지는 몰라도 말이다. 세계 과학 미래파 형이상학, 메가스트럭처주의 식의 환상, '엄마, 여기 건물이 없어요(look ma no building)'라는 환경적 수트(suits)와 포드(pods)는 다른 세대의 실수를 반복하는 것이다. 우주 시대, 미래주의, 공상과학 기술에 대한 과도한 의존은 1920년대의 기계 미학과 유사하며 궁극적 매너리즘에 접근하고 있다. 하지만 이들은1920년대 건축과 달리 예술적으로 막다른 길이고 사회적으로도 도피일 뿐이다.

메가스트럭처는 아키그램과 같은 그룹의 공들인 저널리즘에 의해 촉진되었다. 아키그램은 건축을 거부했지만 그들이 지닌 도심 비전, 벽화 스케일의 그래픽은 후기 보자르 묘사자들이 최후에 보여준 과대망상을 넘어서는 것이었다. 도시 확장 건축과 달리 메가스트럭처는 자신을 토털 디자인에, 또한 극단적으로 아름다운 모델들에 내주었다. 그 모델들은 문화 재단의 회의실이나 타임지의 몇 페이지에서는 무척 인상적이지만 현재 사회적, 기술적 컨텍스트에서의 실현 가능성이나 바람직함과는 관련이 없었다. 메가스트럭처 선구자들의 팝 이미지에서 때때로 위트 있게 나타나는 모습들은 그 자체의 완결로서 괜찮은데 의도로 볼 때는 건축보다 문학에 가깝다. 건축 이론으로서는 따분하고, 현실적이고 흥미로운 문제들에 대해서는 궁극적으로나 즉각적으로나 답을 주지 않는다.

한편 모든 지역사회와 주정부는 설계 검토 위원회를 임명해 지난 세대의 건축 혁명을 촉진하고 법규에 의한 지배보다는 인간에 의한 지배를 통해 위원들을 타락시키고 있다. '토털 디자인'은 '토털 통제'을 뜻하게 되었다. 무엇이 옳은지 배워 자신감에 가득 찬 위원들이 좋은 것과 나쁜 것, 그리고 자신들이 인식하지 못하는 새로운 것, 즉 종합되는 과정을 거쳐 결국 도시를 만들어낼 모든 것을 부정하면서 무력화된 평범함을 장려함으로써 말이다(부록 참조).

부적절한 기술적 열정

순수 예술 위원회라는 오래된 혁명과 메가스트럭처라는 새로운 혁명은 우리가 보기에 사회적으로나 예술적으로나 똑같이 의미가 없다. 이들은 건축 기술에서도 동일한 전통을 공유하여 초기 모던 건축가들의 진보적, 혁명적, 기계미학적 입장을 취하고 있다. '영웅적이고 독창적'이 되려면 최신 기술을 동원해야 한다는 것이다. 모던 건축의 기술적 과시로 인한 본질과 이미지 사이의 괴리, 그리고 종종 공허한 그 제스처의 비싼 비용은 건축가들이 인정하는 것보다 더 일찍 나타났다. 산업 생산 방식은 건물 건설에 적용하기 어려운 것이었다. 여러 우아한 구조 체계(예를 들어 공간 프레임)들은 재료의 응력에 있어서 매우 효율적이었고 대공간의 산업 구조물을 지지하는 데 있어서 경제적이었지만 보다 평범하고 일상적인 건축 프로젝트의 프로그램과 공간, 예산에 결정적으로 작용하는데 있어서는 완전히 실패하였다. 필립 존슨이 말한 대로 지오데식 돔(geodesic dome)에 문을 만들 수는 없는 것이다.

더 나아가 엔지니어링 형태에 집중하는 많은 건축가들은 건설 산업의 다른 측면, 예를 들어 비용조달, 유통, 기존 거래, 관습적 재료와 방법 등을 무시했다. 개발가들이 이미 알고 있듯 이러한 중요한 요소들은 관리기술 등 나날이 발전되는 기술의 효과에 크게 영향을 받고 또한 혁신적 건설 기술보다 건축의 최종 형태와 비용에 훨씬 더 근본적인 영향을 미친다. 건축가들은 이 나라의 핵심적 건설 수요(특히 주택 분야)에 별 기여를 하지 못했는데 그 이유 중 하나는 상징적, 공상적 선진 기술에 대한 선호로 말미암아 현재 건설 체계 안에서 효율성을 발휘하지 못했기 때문이다.

지난 40년 동안 기술적 부두교(voodooism)에 집착하면서 (다시 말해 산업화된 프리패브리케이션의 방법을 연구하면서) 건축가들은 최근까지도 이동식 주택 산업을 무시했다. 결국 이 산업은 건축가들의 도움 없이 전통적 기술(특히 혁신적 유통 방식과 관련된 목공)을 활용해 오늘날 연간 미국 주택의 1/5을 생산하고 있다. 건축가들은 주택 건설에 있어 엄청난 기술적 혁신가가 될 생각을 버려야 한다. 그리고 이 새롭고 유용한 기술을 적용해 현재보다 더 넓은 범위에서 수요를 충족시키는데, 그리고 대중 시장을 위한 더 선명한 이동식주택 상징성을 개발하는데 집중해야 한다(도판 140).

어떤 기술 혁명인가?

진보적 모던 건축(Modern Architecture)이 선호하는 '앞선 기술'이 오늘날까지도 여전히 19세기 방식 대량 생산과 산업화의 기술이라는 점은 중요하다. 아키그램의 구조적 비전조차도 팝-우주항공 용어의 아플리케가 덧붙은 산업 혁명의 쥘 베른 버전에 불과하다(도판 141). 하지만 후기 건축 메가스트럭처주의자들이 선택한 모델인 미국 항공 우주 산업 자체가 규모 과잉과 전문화 과잉으로 절멸 위기에 당면한 상황이다. 다음은 뉴리퍼블릭에 피터 반이 쓴 글이다[17].

'순수한 경제적 관점에서 볼 때 항공 우주 거대 산업체들은 국가의 자산이기보다는 부담이 되고 있다. 과학이 약속하는 무수한 가능성에도 불구하고 미국은 이제 기술, 최소한 항공우주 분야 기술에서는 그 어떤 위대한 진보도 필요로 하지 않는다. 필요한 것은 숨 쉴 공간, 그리고 현재 기술의 영향력을 평가하고 진보의 결실을 보다 공평하게 분배할 기회이다. 크게 생각하는 것이 아니라 작게 생각하는 것이 요구된다.'

반스는 보잉 사의 주택 건설 프로젝트인 '오퍼레이션 브레이크스루(Operation Breakthrough)'에서 건축 서비스나 건설 비용을 제외한 주택 단위 당 현장 관리 비용만 7,750달러에 달한다고 지적한다.

오늘날 중요한 개혁은 현재 전자 분야에서 일어나는 개혁이다. 건축적으로 볼 때 전자기기가 전달하는 상징 체계는 그 엔지니어링 내용보다 훨씬 중요하다. 우리가 당면한 가장 긴급한 기술적 문제는 앞선 과학과 기술 체계를 불완전한 인간적 체계와 잘 결합하는 것이다. 이는 건축의 과학적 이데올로기 지도자와 선지자들이 크게 관심을

---

17) Peter Barnes, "Aerospace Dinosaurs," The New Republic, March 27, 1971, p. 19.

가질 가치가 충분하다.

엑스포 '67에서 우리에게 가장 지루한 전시관은 지그프리트 기디온이 찬사를 보낸 19세기 월드 페어의 진보적 구조들을 보여주는 전시관들이었다. 한편 (건축적 구조적으로는 별 볼일 없지만 상징과 활동사진으로 가득했던) 체코 전시관은 가장 흥미로웠다. 관람객 줄도 가장 길었다. 관객을 모은 것은 건물이 아닌 기획(show)이었다. 체코 전시관은 장식된 셰드에 매우 가까웠던 것이다.

탈 산업시대를 위한 전(前) 산업적 이미지

전(前) 산업적 형태의 언어가 후기 모던 건축의 산업적 형태 언어를 보완해왔다. 지중해 마을을 그린 르 코르뷔지에의 초기 스케치는 모던 건축가와 이론가들을 버나큘러, 원시적, 익명적 건축에 사로잡히도록 하였다. 지중해의 흰색 형태가 지닌 단순한 평면 기하학은 젊은 르 코르뷔지에의 큐비스트-순수주의 미학에 매력적으로 다가왔고 그 대담하고 거친 가소성(plasticity)은 르 코르뷔지에 후기 작품의 베통 브뤼로 전환되었다. 이후 베통 브뤼는 프레임과 패널 건축에 반대하는 탈(脫) 미스 반 데어 로에(Post-Miesian)의 반작용을 따르는 하나의 양식이, 르네상스 오더 못지 않게 정교하고 명백한 비율 체계인 모듈러(Modulor)라는 형태 어휘를 가진 스타일이 되었다.

영웅적이고 상징적인 목적으로 라 투레트(La Tourette)의 형태를 적용한 건축가들은 뉴저지 산업 단지에서 도쿄 건축 기념비에 이르기까지 프리캐스트 유닛, 벽돌, 구운 에나멜로 그 형태들을 사용하면서 본래 의미에서 멀어졌고 라 투레트의 영감이 되었던 지중해 수공업 버나큘러로 거슬러 올라갔다. 버나큘러 모델은 모던 건축가가 보기에도 진보된 기술이 설득력이 없는 곳에서 일반적이다. 교외에 있는 주택과 같은 곳에서 말이다. 원시적 버나큘러 건축의 수용은 전통 건축이 '지역주의(regionalism)'라는 이름 안에서 뒷문을 통해 들어오도록 한다. 오늘날에는 전통적인 미국식 박공 지붕과 가로로 댄 판자벽(board and batten)이 받아들여지면서, 교외 건축에서 건축가들이 추진했

으되 클라이언트들은 저항했던 평평한 지붕과 이미테이션 콘크리트를 대체하고 있다.

건축가들이 익명의 건축이라 부르는 것이 이제 우리가 평범한 건축이라 부르는 것에 가까워졌다. 하지만 상징성과 스타일을 피한다는 면에서 동일하지는 않다. 건축가들은 버나큘러 건축의 단순한 형태를 채용하면서 그 뒤의 복잡한 상징성은 대부분 무시했다. 건축가들은 스스로 버나큘러 어휘들을 상징적으로 사용하면서 과거의 연상, 단순하고 결정론적인 가치의 연상을 나타내왔다. 구조적 방법, 사회적 조직, 환경적 영향 사이 상응관계를 보여주는 초기 사례들처럼 말이다. 이는 산업적 버나큘러를 형성하는 순수한 과정과 기본적으로는 평행관계를 이룬다. 하지만 아이러니하게도 아프리카의 알도 반 에이크와 일본의 군터 니슈케를 제외한 다른 건축가들은 이들 형태를 만들어내고 (인류학자들이 알려주듯) 원시 문화의 환경을 지배하는 상징적인 가치들을 폄하해왔다. 형태에 미치는 상징적 가치의 영향 속에서 기능과 구조는 종종 모순되었다.

라 투레트에서 레빗타운까지

공간적 시간적으로 동떨어진 버나큘러(vernacular) 건축을 수용한 모던 건축가들이 오늘날의 미국 버나큘러, 즉 소규모 시공사들의 레빗타운 버나큘러와 66 도로의 상업적 버나큘러를 경멸적으로 거부한다는 것은 한층 더 나아간 아이러니이다. 우리 주변의 관습적인 건물에 대한 이런 반감은 19세기 낭만주의의 이국적인 유물일 수도 있으나 그보다는 건축가들이 그저 자신의 버나큘러 형태에서만 상징성을 포착해 내는 탓이라고 우리는 생각한다. 무시 때문이든 무관심 때문이든 이들은 미코노스 섬 혹은 도곤 족의 상징성을 포착해내지 못한다. 레빗타운의 상징성은 이해하지만 좋아하지는 않고 학습하기 위하여 잠시 판단을 유보할 준비가 되어있지 않으며, 학습을 통해 보다 세밀한 후속 판단을 내릴 수도 없다(도판 142). 상징의 내용인, 상업적 행상행위, 중간 중류층(middle-middle-class)의 사회적 열망 등을 많은 건축가들이 불쾌하게 여기고 이 때문에 이들은 열린 마음으로 상징성의 토대를 탐구하거나 기능적 가치 면에서 교외(suburbia)의 형태를 분석할 생각조차 없다. '자유로운' 건축가가 그렇게 할 수 있다고 인정하는 것조치 어려워한다. [18]

　　중간 중류층의 사회적 열망을 불쾌하게 여기고 정돈된 건축 형태를 좋아하는 건축가들은 교외 주거 풍경에서 그 상징성만을 분명히 인식한다. 예를 들면 리젠시 양식, 윌리엄스버그 양식, 뉴올리언스 양식, 프렌치 프로빈셜 양식, 또는 프레리 오가닉 양식에서 나타나는 스타일리시한 '바이 레벨(bi-levels)', 그리고 캐리지 랜턴(carriage lantern), 맨사드 지붕(mansard roof), 앤티크 벽돌 등으로 꾸며진 장식된 랜치(Ranch) 하우스가 있다. 그 건축가들은 상징성을 인식하지만 받아들이지는 않는다. 이들에게 교외 주거의 스플릿 레벨(split level)이 나타내는 상징적인 장식은 소비자 경제의 조악한 물질주의적 가치를 대변할 뿐이다. 이들이 보기에 이곳에서 사람들은 대중 마케팅에 세뇌되어 값싼 건축 재료를 선택할 수밖에 없는데 이는 재료의 속성을 천박하게 위반하는 것이고 건축적 감수성에, 그리고 당연하게도 결과적으로 생태계에 시각적 공해를 일으킨다.

　　이러한 시각은 통속성을 지닌 다양성을 내버린다. 상업가로의 건축적 가치를 무시하는 이 시각은 상업가로의 단순하고 상식적인 기능적 조직 또한 폄하한다. 그 기능적 조직은 큰 공간과 빠른 움직임의 자동차 중심 환경에서 명백하고 고조된 상징성 등 우리의 민감성 요구를 충족시켜주는 것인데도 말이다. 마찬가지로 교외에서도 상대적으로 규모가 작은 주택들 겉면이나 주변의 절충적 장식들은 상대적으로 큰 잔디밭을 사이에 둔 상태에서도 시각적으로 다가오고 당신이 다음 집에 닿기 전, 최소한 그 시간 안에는 순수 건축적 표출(articulation)이 절대 이루지 못할 인상을 남긴다. 주택과 구부러진 경계석 사이에 있는 잔디밭 조각길은 상징적인 건축과 움직이는 자동차를 연결하면서 이 공간 안에서 시각적 부스터로서 기능한다. 조각된 기수, 마차 램프, 마차

---

18) This, perhaps, accounts for the fact that we have been called "Nixonites," "Reaganites," or the equivalent, by Roger Montgomery, Ulrich Franzen, Kenneth Frampton, and a whole graduating class of Cooper Union.

바퀴, 예쁜 번지수 표시판, 울타리, 사슬에 연결된 우편함 등은 모두 상징적 역할을 하면서 공간적 역할도 담당한다. 이들 형태는 르 노트르가 설계한 궁전 정원의 항아리들, 영국 정원의 허물어진 신전, A&P 주차장의 간판이 그렇듯 거대 공간을 나타낸다 (도판 143).

하지만 건축업자의 버나큘러에서 형태가 지니는 상징적 의미는 집주인의 개성을 드러내고 뒷받침하는 역할도 한다. 이탈리아 중세 거리의 익명적 버나큘러 공동주택 입주자는 대문 장식을 통해, (혹은 의복의 좋은 인상(bella figura)을 통해) 공간적으로 제한된 도보 스케일 공동체 안에서 정체성을 획득할 수 있다. 존 내시의 런던 테라스 통일된 파사드 뒤쪽에 사는 가족들도 마찬가지이다. 하지만 교외에 거주하는, 남북전쟁 이전 유형 맨션이 아니라 커다란 공간속 작은 집에 사는 중산층인 경우 정체성은 집 형태의 상징적 처리를 통해 얻을 수밖에 없다. 이는 개발업자가 제공하는 스타일링을 통해 (스플릿 레벨 콜로니얼 양식) 혹은 주인이 그 후에 덧붙이는 다양한 상징적 장식(전망 창의 로코코 램프 혹은 앞에 내놓은 마차 바퀴 등. 도판 144)을 통해 얻어진다.

교외 도상성을 비판하는 이들은 표준적 장식 요소들의 무한한 결합이 다양성보다는 어수선함을 낳는다고 본다. 교외 전문가들은 이를 경험부족에서 나오는 둔감함으로 무시할 수 있다. 우리 문화의 이런 인공품을 조악하다고 부르는 것은 스케일과 관련된 이해 부족 때문이다. 이는 마치 연극 무대 장치가 1.5미터 위에 투박하게 있다고 비난하는 것, 바로크 코니스 위로 높이 보이도록 만든 석고 조각이 르네상스 무덤의 미노 다 피에솔레 돋을새김처럼 정교하지 않다고 비난하는 것과 같다. 또한 교외 주택의 대담한 장식물은 침묵하는 다수조차도 싫어하는 전신주에서 시선을 분산시켜 준다.

침묵하는 백인 다수의 건축

많은 사람들이 교외의 삶을 좋아한다. 따라서 레빗타운으로부터의 교훈에는 설득력이 있다. 모던 건축이 처음부터 그 철학 아래 강력한 사회적 토대를 주장해왔음에도 정작 모던 건축가들이 형태적 고려와 사회적 고려를 별개로 다뤄왔다는 점은 참으로 아이러니하다. 레빗타운을 묵살한 모던 건축가들은 건축에서 사회과학의 역할을 강조하면서도 정작 지배적인 사회적 유형들을 거부한 셈이다. 그 유형들이 낳은 건축적 결과가 마음에 들지 않는다는 이유에서 말이다. 그들은 역으로 레빗타운을 '침묵하는 백인 대다수'의 건축으로 규정하고 이러한 침묵하는 백인 대다수의 정치적 견해가 마음에 들지 않는다는 이유로 그 건축 또한 거부해 버렸다. 애초에 사회과학을 건축에 유의미하게 만드는 우리 사회의 이질성 그 자체를 거부한 것이다. 이상을 내세우는 전문가들은 사회과학에 립서비스만 할 뿐, 대중이 아닌 한 사람을 위한 건축을 한다. 즉 자신에 맞춰, 자신들 특유의 중상류층 가치를 모두에게 적용하면서 건축을 한다. 교외 거주자들 대부분은 그러한 건축가의 가치가 내세우는 제한된 형태 어휘를 거부하거나 이십 년쯤 지난 후 주택 단지 건설업자들이 변형해놓은 형태로 받아들인다. 유소니아(Usonian) 하우스가 랜치(ranch) 하우스가 되는 것이다. 공공 주택에 살게 되는 아주 가난한 이들만이 건축가의 가치에 지배당한다. 개발업자는 개인보다는 시장을 위해 집을 짓는데 그래도 그 편이, 권위적인 건축가가 개발업자의 힘을 지녔더라면 입혔을 피해보다는 덜 해로울 것이다.

중간 중류층이 나름의 건축 미학을 누릴 권리를 옹호하기 위해 특별히 굳건한 정치적 신념을 가져야 하는 것은 아니다. 레빗타운 유형의 미학은 흑인과 백인, 자유파와 보수파를 막론하고 중간 중류층 대부분이 공유하는 것으로 나타났다. 교외의 건축 분석이 닉슨 체제로 하여금 '건축 비평 영역조차도 침투하도록'[19] 하는 것이라면, 도시 계획 영역은 10년 이상 애브람스, 갠스, 웨버, 딕먼, 다비도프 등 닉슨 추종자들(Nixonite)의 영향을 받았다고 할 수 있다. 따라서 우리 비평에는 새로울 것이 없다. 사

---

19) Ulrich Franzen, Progressive Architecture, Letter to the Editor (April 1970), p. 8.

회 계획가들이 십년 넘도록 해온 일인 것이다. 하지만 닉슨의−침묵하는−다수의−비판 속에서, 특히 인종이나 군대가 아닌 건축 차원에서 보면 자유주의와 구식 계층우월주의 사이의 경계는 모호하다.

또 하나 분명한 사항은 '시각적 공해'(주로 다른 사람의 집이나 사업체)가 공기나 수질 오염과 동일한 급의 현상이 아니라는 것이다. 아팔래치아의 노천채굴은 지지하지 않으면서도 광고판은 좋아할 수 있다. 토양, 대기, 수질을 오염시키는 '좋은' 방법이란 없다. 도시 확장(Sprawl)과 상업가로(Strip)는 배워서 잘 할 수 있다. 하지만 라이프 지에 실린 '어른들의 반달리즘(vandalism) 지우기'라는 글을 보면 교외 지역 확장, 광고판, 전선, 주유소 등이 국토 대부분을 망가뜨리는 노천 채굴과 다를 바 없다고 바라본다. [20] '시각적 공해'는 이를 경각심을 가지고 바라보는 사설 기자나 사진사들에게 영감을 주어 밀턴(Milton)이나 도레(Doré) 같은 방식으로 시적인 기술(記述)을 하도록 만드는 것 같다. 그 기술 양식은 정작 자신들의 맹비난과 자주 모순된다. 그토록 나쁘기만 한데 어떻게 그토록 영감이 되는 걸까?

사회적 건축과 상징성

국가 자원을 사회적 목적을 향해 재할당하고자 희망하는 우리 건축가들은 목적과 추진에 (그것을 담는 건축보다) 더 큰 강조점을 두도록 애써야 한다. 이런 방향조정은 오리가 아닌 평범한 건축을 요구한다. 하지만 건축에 쓸 돈이 별로 없을 때 가장 위대한 건축적 상상력이 요구된다. 사회적 목적을 지닌 소박한 건물과 이미지의 원천은 산업적 과거가 아닌 오늘날 우리 주변의 소박한 건물과 공간, 상징적 부속물을 지닌 그곳에 있다.

---

20) Life (April 9, 1971), p. 34. Direct quotation was not permitted.

도판 139. 기념비를 위한 제안

도판 140. 캘리포니아 캘리포니아 시의 이동주택

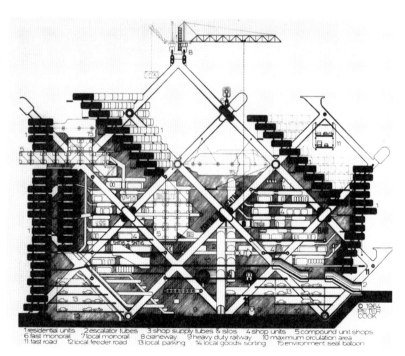

1 residential units   2 escalator tubes   3 shop supply tubes & silos   4 shop units   5 compound unit shops
6 fast monorail   7 local monorail   8 craneway   9 heavy duty railway   10 maximum circulation area
11 fast road   12 local feeder road   13 local parking   14 local goods sorting   15 environment seal balloon

도판 141. 플러그 인 시티(Plug-in-City), 1964년; 피터 쿡

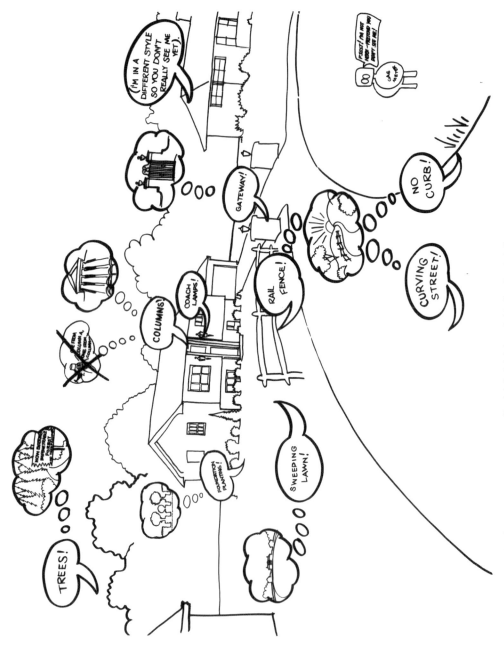

도판 142. '교외 상징의 사례들(Precedents of Suburban Symbols)'. 예일대 래빗타운 스튜디오의 교훈, 1970년

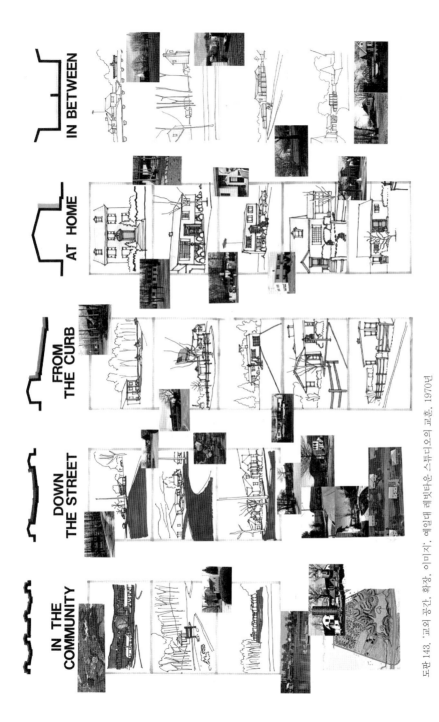

도판 143. '교외 공간, 확장, 이미지', 예일대 레빗타운 스튜디오의 교훈, 1970년

도판 144. 상징이 적용된 개발업자의 집

도판 145. 라스베이거스 플라밍고 호텔

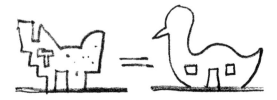

도판 146. 미니메가스트럭처는 대부분 오리다.

건축적 함축과 우리 시대의 중요한 사회적 이슈가 서로 만나려면 뒤얽힌 건축적 표현주의를 떨쳐내야 하고 형태 언어 밖에서 건물을 짓자는 잘못된 주장을 내려놓아야 하며 우리 시대에 맞는 형태 언어를 찾아야 한다. 이들 언어는 상징성과 수사적 아플리케를 결합할 것이다. 혁명의 시대에는 교훈적 상징성과 건축의 선전적 용도를 통해 혁명적 목표를 추구하였다. 이는 혁명기 프랑스의 낭만적 로마 공화국 상징성에도 그러했고 오늘날의 게토 재건자들(미국의 아프리카계 군인 혹은 중산층 보수파)이 견지하는 상징성에도 그러하다. 불레(Boullé)는 선전가이자 상징주의자이면서 동시에 형태주의자였다. 그는 건축을 공간 속 형태에 앞서 공간 속 상징으로 보았다. 우리도 그렇게 보아야 한다. 우리의 상징성을 찾기 위해 우리는 도시의 교외 지역, 형태적으로보다는 상징적으로 매력적이며 최저임금 도시 거주자와 침묵하는 백인 다수를 모두 포괄해 거의 모든 미국인들의 열망이 재현된 그 지역으로 가야 한다. 그때에 전형적(archetypical) 로스앤젤리스는 우리의 로마가, 라스베이거스는 우리의 플로렌스가 될 것이다. 몇 세대 앞서 곡물 엘리베이터가 그랬듯 플라밍고 간판은 새로운 건축을 향한 우리 감각에 충격을 가하는 모델이 될 것이다(도판 145).

상위 디자인(High-Design) 건축

　결국 통속 문화에서 배운다고 해서 상위 문화에서 건축가가 차지하는 지위가 손상되지는 않는다. 상위 문화가 현재의 요구와 이슈에 조금 더 공감적이 되도록 바뀔 수는 있다. 상위 문화와 그 예찬자들은 도시 재개발과 기타 위원회에서 강력한 힘을 발휘하고 있고 따라서 (대중이 필요로 한다고 건축가가 결정하는 것이 아닌) 대중이 원하는 대중의 건축은, 학계의 논의를 거쳐 의사결정자들에게 받아들여지지 못하는 한, 도시 재개발에 관여할 수 있는 기회를 잡기 어려운 상황이다. 이것이 가능하도록 돕는 일은 상위 디자인 건축가의 역할에서 부끄러운 부분이 아니다. 아이러니와 농담으로 진지한 문제에 접근하는 도덕적 전복 현상과 함께 이는 비(非)권위적 기질의 예술가들이 자신과 견해가 다른 사회 상황에서 활용할 수 있는 무기이다. 건축가는 어릿광대도 될 수 있다.

아이러니는 다원화 사회의 건축에서 서로 다른 가치들과 대면하고 종합하게 해주는, 또한 건축과 클라이언트 사이 가치의 차이를 조정해주는 도구가 된디. 사회 계층들이 합쳐지는 일은 거의 없지만 다양한 가치를 반영하는 공동체 건축의 설계와 건설에서 일시적인 협력을 이룰 수 있다면 역설과 아이러니, 그리고 위트가 모든 면에서 필요할 것이다.

팝 메시지의 내용과 그 투사 방법을 이해한다고 해서 거기 동의하거나 그것을 받아들이거나 재현해야 한다는 의미는 아니다. 상업가로에서 번쩍이는 상업적 설득이 물질적 조작이자 진부한 하위 의사소통으로서[21] 내면 깊은 곳의 욕망을 교묘하게 자극하고 그저 표면적 메시지를 전달할 뿐이라면, 그 기법에서 배우는 우리 건축가들이 그 내용 혹은 메시지의 피상성을 재현해야만 하는 것은 아니다. (하지만 모던 건축 역시 그런 내용과 진부한 측면을 지니고 있음을 인식하도록 해주었다는 면에서는 충분히 도움을 얻은 셈이다.) 리히텐슈타인이 만화의 기법과 이미지를 빌려와 폭력적 상위 어드벤처보다 풍자, 슬픔, 아이러니를 전달했던 것처럼 건축가의 상위 독자도 비누를 살 필요성, 혹은 주지육림 잔치의 가능성보다는 슬픔, 아이러니, 사랑, 인간 조건, 행복, 아니면 그저 내면적 목적을 이야기할 수 있다. 다른 한편, 건축에서 상징적 내용을 해석하고 평가하는 것은 모호한 과정이다. 샤르트르 대성당의 교육적 상징성은 몇몇 사람들에게는 중세 신학의 미묘함을, 다른 사람들에게는 중세 미신 혹은 대중을 다루는 기법(manipulation)의 깊이감을 의미할 수 있다. 대중을 다루는 기법은 지독한 상업주의만의 독점물이 아니다. 이러한 기법은 상업적 이해관계, 그리고 광고판을 통한 로비라는 두가지 방식으로 작용한다. 하지만 반(反) 간판 법규와 미화를 위해 위협적인 권위를 내세우는 문화적인 로비와 디자인 검토 위원회 역시 마찬가지이다.

---

21) Thomas Maldonado, La speranza progettuale, ambiente e societd, Chapter 15, Nuovo Politecnico 35 (Turin: Einaudi, 1970).

요약

모던 건축의 진보적, 기술적, 버나큘러, 과정 지향적, 표면상 사회적, 영웅적이자 독창적 내용에 대해서는 비평가와 역사가들이 예전부터 논의해왔다. 그 내용이 기능적 문제 해결을 위해 필연적으로 나온 것이 아니라 모던 건축가들의 설명되지 않은 도상적 선호에서 기인했다는 것, 또한 그 내용이 형태의 언어(들)를 통해 표현된다는 것, 형태적 언어와 연상된 체계는 자연스럽고 훌륭하며 다만 우리가 의식하지 못할 때 독재자가 되어 버린다는 점이 우리 논의의 핵심이다. 오늘날 모던 건축의 인식되지 않은 상징성 내용이 우스꽝스럽다는 점은 또다른 핵심이다. 우리는 죽은 오리를 디자인해 왔다.

진지한 건축 해양학적 도시계획(architectural oceanographic urbanism)의 시대가 올 것인지의 여부는 알 수 없다. 예를 들어 지금 연안에서 폼만 잡고 있는 미래주의 건축적 예지자들과는 다른 시대 말이다. 언젠가는 그런 날이 올 수도 있지만 오늘날 예측되는 형태는 아닐 것이다. 지금 여기서 활동하는 건축가들이 그렇듯 우리도 그런 예측에는 별 관심이 없다. 하지만 우리 사회의 자원이 건축 잠재성과는 거의 관계없는 것들, 전쟁, 전자통신, 외계 우주, 그리고 상대적으로 적긴 하지만 사회 서비스 등에 쓰이고 있음을 알고 있다. 앞서 말했듯 지금은 그런 시대가 아니고 우리 환경은 순수 건축을 통한 영웅적 소통에 맞지 않는다.

모던 건축가들이 건물에서 장식을 정당하게 버렸을 때 그들은 의식도 못한 채 그 자체로 장식인 건물을 디자인했다. 상징성과 장식보다 공간과 표출을 내세우면서 그들은 전체 건물을 오리로 왜곡하였다. 관습적 셰드 위를 장식하는 솔직하고 값싼 방식 대신에 프로그램과 구조를 냉소적이고 값비싸게 왜곡해 오리를 만들어버린 것이다. 미니메가스트럭처는 대부분 오리이다(도판 146). 이제 건축은 구조의 장식이라는 존 러스킨의 한때 공포스러웠던 발언을 재평가할 때가 되었다. 건축물을 장식하는 것은 좋지만 장식을 건축해서는 안 된다는 퓨진의 경고도 여기에 덧붙여야 할 것이다.

부록 디자인 검토 이사회와 순수 예술 위원회에 대해

UCLA 로스쿨 제시 듀크미니어 교수의 1971년 5월 인터뷰의 일부이다.

"디자인 검토 이사회는 법적 문제를 제기한다. 법률가들은 이 회의가 '적법 절차'이고 '법 앞의 평등권'이라고들 한다. 적법절차는 공정한 의견청취를 뜻하고 평등권은 임의적 차별이 없다는 의미이다. 이 두 가지를 달성하는 방법은 다음 두 가지이다.

1. 법률 체제에 표준을 세우는 것
2. 표준을 계량화하기 어려운 문제인 경우 절차에 공정성을 세우고 재량권 발휘시 책임을 요구하는 것

건물 디자인을 오랫동안 통제해온 표준이 존재한다. 예를 들어 용도지역(zoning) 안에서 건축물의 후퇴, 규모와 높이 제한이 있다. 이 표준에는 재량권이 별로 없기 때문에 건축가가 준수하며 작업할 수 있다. 시 당국에서 사전에 이들 표준을 정해두었다면 그것이 개인적으로 못마땅하다 해도 어느 건축가든 특별히 차별받는 것이 아니다.

표준을 세우기에 적절하지 않은 문제인 경우에는 위원들을 임명해 재량권을 준다. 위원회는 그 재량권 발휘에 대해 반드시 책임을 져야 한다. 미국 정부 체계에는 권한을 가진 사람이 자기 행동에 책임지도록 하는 다양한 방법이 마련되어 있다. 예를 들어 판사들은 재량권이 크지만 의견서를 써야 한다. 이유를 말하지 않고 한쪽에 유리한 결정을 내려서는 안 된다. 그리고 의견서나 판결을 내놓을 때에는 비판받을 수 있다는 가능성을 인정하게 된다. 이것은 중대한 평등권이다.

법적 관점에서 볼 때 디자인 검토 회의의 핵심은 다음과 같다.

1. 따르도록 되어 있는 표준이 없는 것
2. 광범위한 재량권을 갖지만 행동에 책임지도록 할 방법이 체계화되어 있지 않은 것."

법원은 아름다움이 경찰력, 검토 위원회, 기타 규제 방법으로 달성되는 도시적 편안함이라고 인정해왔다. 하지만 그 아름다움을 규정하는 표준이 무엇인지, 그 아름다움의 존재를 어떤 절차를 거쳐 공정하게 판결할지는 빠져 있다. 이에 지방 정부는 '전문가들'(대개 지역 건축가들)을 임명해 나름의 재량권으로 다른 건축가들의 건축물의 아름다움 여부를 판단하도록 했다. 이런 체계에서 변덕스러움, 권위주의, 매수의 위험성에 가해지는 한계는 개개 검토 위원들의 내면에 맡겨졌다. 법에 의한 통치보다는 사람에 의한 통치인 것이다.

오로지 취향에 근거한 검토 과정에서 지원자-건축가는 혼란에 빠진다. 지원자-건축가와는 취향과 철학이 전혀 다른, 혹은 도저히 이해하기 어려울 정도로 변덕스러운 '전문가'들의 의견을 예측하고 맞추기 위해 디자인보다는 설득 전략부터 짜야 하는 절망적인 상황에서 수천 달러가 낭비되는 일도 흔히 발생한다.

미학적으로도 목표는 달성되지 않는다. 아름다움은 법으로 규제할 수 없으며 전문가들을 활용해 그렇게 규제하려는 시도는 결국 거대한 불공정, 그리고 환경의 추악한 파멸을 가져올 뿐이라는 점을 예술가라면 누구나 입법자에게 이야기했을 것이다.

다양한 활력보다 단순한 동일성을 추구하는 안전성이라는 목표에서 아름다움은 존재하기 어렵다. 오늘날 검토 위원회를 채우고 미적 확실성을 달성한 건축 혁명가들의 해묵은 포고령 아래에서 아름다움은 시들어 가고 있다.

참고문헌

A. Writings about Venturi and Rauch

B. Writings by Robert Venturi

C. Writings by Denise Scott Brown

D. Writings by Robert Venturi and Denise Scott Brown

E. Writings by Denise Scott Brown and Ruben Venturi

F. Writings by Others at Venturi and Rauch

A. WRITINGS ABOUT VENTURI AND RAUCH

1960

"From Repainting Lo Redesign," Architectural Forum, January, 1960, pp. 122-130. (Duke House, New York University.)

"NYU—Duke House," Interiors, March 1960, pp. 120-125.

1961

"New Talent USA—Architecture," Art in America, vol. 49, No. 1, 1961, p. 63. (Article concerns Robert Venturi; discusses 2 architectural projects.)

Rowan, Jan C., "Wanting to Be: The Philadelphia School," Progressive Architecture, April 1961, pp. 131-163.

1963

"FDR Memorial Competition: Discussion," Casabella, November 1963, pp. 12-13.

"High Style for a Campus Eatery," Progressive Architecture, December 1963, pp. 132-136. (Grand's Restaurant.)

1964

"Americans to Watch in 1964: Architecture—- Robert Venturi," Pageant, February 1964, p.72.

Moore, Charles, "Houses: The Architect Speaks to Man's Needs," Progressive Architecture, May 1964, pp. l24ff.

1965

Architectural League of New York: Architecture and the Arts Awards, 1965. (Venturi House: Honorable Mention.)

Charette—Pennsylvania Journal of Architecture, November 1965. (Cover: Venturi House.)

"Complexities and Contradictions," Progressive Architecture, May 1965, pp. 168-174.

Love, Nancy, "The Architectural Rat Race," Greater Philadelphia Magazine, December 1965, pp. 55ff.

Osborn, Michelle (in consultation with Romaldo Giurgola), "A Personal Kind of House," The Philadelphia Evening Bulletin, October 15, 1965, p. 55. (Venturi House.)

"Paths of Younger Architects," The Philadelphia Inquirer Magazine, March 3, 1965.

"Robert Venturi," Arts and Architecture, April 1965, p. 22.

"Venturi's Philadelphia Fountain Exemplifies Vernacular Urban Scale," South Carolina AIA Review of Architecture, 1965, pp. 29-31.

1966

"Are Young Architects Designing Prototypes of Your Future Models?" American Builder, October 1966, pp. 60-71. (Venturi House.)

"Dynamic Design with Angular Planes," House and Garden Building Guide, Spring/Summer 1966, pp. 132-135.

McCoy, Esther, "Young Architects: The Small Office," Arts and Archi-tecture, February-March 1966, p. 28.

Scott Brown, Denise, "Team 10, Perspecta 10 and the Present State of Architectural Theory" (see Section C).

Scully, Vincent, "America's Architectural Nightmare: The Motorized Megalopolis," Holiday, March 1966, pp. 94ff.

Stern, Robert A. M., 40 under 40, Architectural League of New York, 1966. (Catalog for exhibit at the Architectural League of New York.)

_____, "Review of L'architecture d'aujourd'hui Issue on USA '65," Progressive Architecture, May 1966, pp. 256, 266.

"Venturi House—`Mannerist'," Architectural Review, February 1966, p. 49.

1967

Blake, Peter, Architectural Forum, June 1967, pp. 56-57. (Review of Complexity and Contradiction in Architecture; discussion, July 1967, p. 16.)

Colquhoun, Alan, "Robert Venturi," Architectural Design, August 1967, p. 362.

"Fourteenth Annual Design Awards," Progressive Architecture, January 1967, pp. 144-154.

Journal of the American Institute of Architects, June 1967, p. 94. (Review of Complexity and Contradiction.)

"Maison R. Venturi," L-Architecture d'aujourd'hui, January 1967, p. 26.

Miller, N., Journal of the Society of Architectural Historians, December 1967, pp. 381-389. (Review of Complexity and Contradiction.)

"New-Old Guild House Apartments," Progressive Architecture, May 1967, pp. 133-137.

"New Schools for New Towns," Design Fete IV, School of Architec¬ture, Rice University, Houston, Texas, 1967.

Pile, J. F., Interiors, July 1967, p. 24. (Review of Complexity and Contradiction.)

Ramsgard, Birgitte, "Complexity and Contradiction" ("Om Komplek¬sitet i Arkitektinen"), Arkitekten, 1967, pp. 608-609.

Rykwert, J., Domus, August 1967, p. 23. (Review of Complexity and Contradiction.)

"The Permissiveness of Supermannerism," Progressive Architecture, October 1967, pp. 169-173.

"Three Projects," Perspecta 11, 1967, pp. 103-111.

Wellemeyer, Marilyn, "An Inspired Renaissance in Indiana," Life, Nov¬ember 17, 1967, pp. 74-84.

Whiffen, M., Journal of the Society of Architectural Historians, Octo¬ber 1967, pp. 198-

199. (Review of Complexity and Contradiction.)

"Young American Architects," Zodiac 17, 1967, pp. 138-151.

1968

Bottero, Maria, "Passanto e presente nell'architettura 'pop' Americana," Communita, December 1968.

"L'Architecture en tant qu'espace, ('architecture en tant que symbole," L'Architecture d 'aujourd 'hui, September 1968, pp. 36-37,

"Less is Bore," Toshi-jukatu: A Monthly Journal of Urban Housing, June 1968, pp. 42-46ff.

Lobell, John, "Both-And: A New Architectural Concept," Arts, Feb¬ruary 1968, pp. 12-13.

McCoy, Esther, "Buildings in the United States," Lotus, vol. 4, 1967/8, pp. 15-123.

Norberg-Schulz, Christian, "Less or More?," Architectural Review, April 1968, p. 257-258.

Osborn, Michelle, "Dilemma in a Time of Change," The Philadelphia Evening Bulletin, April 26, 1968. (Brighton Beach.)

"Pop Architecture," Architecture Canada, October 1968.

Record of Submissions and Awards, Competition for Middle Income Housing at Brighton Beach, HDA, City of New York, Brooklyn, 1968. (jury comments.)

"Two New Buildings by Venturi and Rauch," Progressive Architecture, November 1968, pp. 116-123. (Fire Station #4, Columbus, Indiana, and the Medical Office Building, Bridgeton, N.J.)

1969

Berson, Lenore, "South Street Insurrection," Philadelphia Magazine, September 1969, pp. 87-91 ff.

"Education and Extension," Art Gallery of Ontario Annual Report 1969-70. (On Bauhaus Lectures by Venturi.)

Huxtable, Ada Louise, "The Case for Chaos," The New York Times, January 26, 1969,

Section 2. Reprinted in Will They Ever Finish Bruckner Boulevard?, 1970.

Jencks, Charles, "Points of View," Architectural Design, December 1969. (Football Hall of Fame.)

Jenson, Robert, "Resort Hotels: Symbols and Associations in Their Design," Architectural Record, December 1969, pp. 119-123.

Love, Nancy, "The Deflatable Fair," Philadelphia Magazine, April 1969, pp. 137-140. (Denise Scott Brown and Robert Venturi on the Bicentennial.)

Richard, Paul, "Learning from Las Vegas," The Washington Post, January 19, 1969, The Arts, pp. kl, k8.

___, "Learning from Las Vegas," Today's Family Digest, November 1969, pp. 12-17.

Scully, Vincent, "A Search for Principle Between Two Wars," Journal of the Royal Institute of British Architects, June 1969, pp. 240-247. (A discussion of architectural aesthetics, philosophy, etc., with reference to Venturi.)

___, American Architecture and Urbanism. New York: Frederick A. Praeger, Inc., 1969.

Stern, Robert A. M., New Directions in American Architecture. New York: George Braziller, 1969. (Chapter on Venturi, pp. 50-59.)

Watson, Donald, "LLV, LLV:? VVV," Novum Organum 5. New Haven: Yale School of Art and Architecture, 1969. (Review of Las Vegas studio.)

Wolfe, Tom, "Electrographic Architecture," Architectural Design, July I969, pp. 380-382.

1970

"A Question of Values," American Heritage, August 1970, p. 119. (On planning for South Street.)

"Academic Village: State University College, Purchase, New York; Social Science and Humanities Building," Architectural Forum, Novem¬ber 1970, pp. 38-39.

Annual Report 1970 of the Director of University Development, Yale University, New Haven, Connecticut, 1970, pp. 19-23. (Yale Mathe¬matics Building.)

Berkeley, Ellen Perry, "Mathematics at Yale," Architectural Forum, July/August 1970, pp. 62-67. See readers' response, October 1970.

Berson, Lenore, "Dreams for a New South Street are Spun at Theatre Meetings," Center City Philadelphia, February 1970.

"Choosing a Non-Monument," Architectural Forum, June 1970, p*. 22. (Yale Mathematics Building.)

"Competition-Winning Building to Provide Yale Mathematicians with New Quarters," Journal of the American Institute of Architects, July 1970, p. 8.

"Co-op City Controversy," Progressive Architecture, April 1970, p. 9. (See also letters to the editor on "Co-op City: Learning to Like It," ibid., February 1970.)

Davis, Douglas, "Architect of Joy," Newsweek, November 2, 1970, pp. 103-106. (Article about Morris Lapidus.)

Eberhard, John P., "American Architecture and Urbanism," journal of the American Institute of Architects, August 1970, pp. 64-66.

Huxtable, Ada Louise, "Heroics are Out, Ordinary is In," The New York Times, January 18, 1970, Section 2.

___, Will They Ever Finish Bruckner Boulevard?, New York: Macmillan Company, 1970, pp. 186-187.

"In Defense of the Strip," Journal of the American Institute of Archi¬tects, December 1970, p. 64. (On Las Vegas.)

Jacobs, Jay, "A Commitment to Excellence," The Art Gallery, December 1970, pp. 17-32.

Kurtz, Stephen A., "Toward an Urban Vernacular," Progressive Architecture, July 1970, pp. 100-105.

"Mathematics at Yale: Readers' Response," Architectural Forum, October 1970, pp. 64-66. See also "Your Point of View," Progressive Architecture, November 1970.

"Ordinary as Artform," Progressive Architecture, April 1970, pp. 106¬109. (Lieb House.)

Osborn, Michelle, "The Ugly American Architect," Philadelphia Magazine, April 1970, pp. 52-56.

Pawley, Martin, "Leading from the Rear," Architectural Design, January 1970, p. 45. (See also reply to Pawley, Architectural Design, July 1970.)

Reif, Rita, "A Family Who Built a 'Real Dumb House' in a 'Banal Environment'," The New York Times, August 17, 1970, p. 22L. (Lieb House.)

"Saint Francis de Sales Church," Liturgical Arts, August 1970, pp. 124-126.

Schulze, Franz, "Chaos as Architecture," Art in America, July/August 1970, pp. 88-96. (Discussion of the philosophy and work of Venturi and Rauch. Reply, November 1970.)

"Seventeenth Annual Progressive Architecture Design Awards," Progressive Architecture, January 1970, pp. 76-135. (Robert Venturi juror.)

Sica, Paolo, L'immagine della clad da Sparta a Las Vegas. Bari: Laterza, 1970.

Smith, C. Ray, "Electric Demolition, A Milestone in Church Art: St. Francis de Sales, Philadelphia," Progressive Architecture, September 1970, pp. 92-95.

"Zoning Rebuilds the Theatre," Progressive Architecture, December 1970, pp. 76ff.

1971

"A House on Long Beach Island," International Asbestos Cement Review, April 1971, pp. 6-8.

Architecture for the Arts: The State University of New York College at Purchase. New York: The Museum of Modern Art, 1971.

Cliff, Ursula, "Are the Venturis Putting Us On?" Design and Environment, Summer 1971, pp. 52-59ff.

Davis, Douglas, "New Architecture: Building for Man," Newsweek, April 19, 1971, pp. 78-90.

Eisenman, Peter, et al., "The City as an Artifact," Casabella, Val. 35, No. 359/360, December 1971. (See articles by Eisenman, Rykwert, Ellis, Anderson, Schumacher, and Frampton, and reply by Scott Brown.)

Glueck, Grace, "Don't Knock Sprawl," The New York Times, October 10, 1971, p. 16D.

Goldberger, Paul, "Less is More—Mies van der Rohe. Less is a Bore—Robert Venturi," The New York Times Magazine, October 19, 1971, pp. 34-37ff.

Goodman, Robert. After the Planners. New York: Simon & Schuster, 1971.

Huxtable, Ada Louise, "Celebrating 'Dumb, Ordinary' Architecture," The New York Times, October 1, 1971, p. 43.

___, "Plastic Flowers are Almost All Right," The New York Times, October 10, 1971, p. 22D.

Jensen, Robert, "Images for a New Cal City," Architectural Record, June 1971, pp. 117-120.

Kauffman, Herbert H., "A Sophisticated Setting for Two Suburban G.P.'s," Medical Economics, December 6, 1971, pp. 88-90.

Kay, June Holtz, "Champions of Messy Vitality," The Boston Sunday Globe, October 24, 1971, p. 25A.

McLaughlin, Patsy, "Ms. Scott Brown Keeps Her Own Taste to Herself," The Pennsylvania Gazette, December 1971, p. 38.

Nelson, Nels, "Bankers Over Billboards—and Very Cereus," The Philadelphia Daily News, September 24, 1971, p. 3F.

Osborn, Michelle, "The Crosstown is Dead. Long Live the Crosstown," Architectural Forum, October 1971, pp. 38-42.

Papachristou, Tician, and James Stewart Polshek, "Venturi: Style, not Substance," The New York Times, November 14, 1971, p. 24D.

"Robert Venturi," Architecture and Urbanism, Japan, October 1971. (Issue devoted to the work of Venturi and Rauch.)

"Robert Venturi," Kenchiku Bunka, March 1971, pp. 84-94.

Scully, Vincent, "The Work of Venturi and Rauch, Architects and Planners," Whitney Museum of American Art, September 1971. (Exhibit pamphlet.)

"Venturi and Rauch," L'architecture d'aujourd'hui, December-January 1971-1972, pp. 84-104 and cover. (Plans 1964-1970; Yale Mathematics Building; Trubek and Wislocki houses; Crosstown Community; California City.)

"Venturi and Rauch Projects Shown in New York," Architectural Record, November 1971, p. 37.

Vrchota, Janet, "Bye, Bye Bauhaus," Print, September/October 1971, pp. 66-67. (On Venturi and Rauch exhibit at Whitney Museum.)

"Yale Mathematics Building," Architectural Design, February 1971, p. 115.

1972

"Aprendiendo de Todas Las Cosas," Arte Y Comento, Bilbao, November 20, 1972.

"Arquitectura Pop," El Comercio, Lima, Aberlardo Oquerdo, April 16, 1972. (Review of Aprendiendo.)

Blasi, Cesare and Gabriella, "Venturi," Casabella, No. 364, April 1972, pp. 15-19.

"Brown, D.S., y Venturi, R.; `Aprendiendo de Todas Las Cosas'," ABC, Miguel Perer Ferrero, Madrid, April 26, 1972.

Corrigan, Peter, "Reflection on a New American Architecture: The Venturis," Architecture in Australia, February 1972, pp. 55-66.

Cuadernos de Arquitectura, Barcelona, January 1972. (Review of Aprendiendo.)

Davis, Douglas, "From Forum to Strip," Newsweek, October 1972, p. 38.

Donohoe, Victoria, "Buildings: Good and Bad," The Philadelphia Inquirer, June 30, 1972, p. 18.

Drew, Philip, Third Generation: The Changing Meaning of Architecture. New York: Praeger Publishers, 1972, pp. 35, 42, 48, 152ff, 160, 162. Published in German as Die Dritte Generation: Architektur zwish¬en Produkt and Prozess. Stuttgart: Verlag Gerd Hatje, 1972.

Flanagan, Barbara, "Venturi and Venturi, Architectural Anti-Heroes," 34th Street Magazine, April 13, 1972, pp. 1, 4.

Friedman, Mildred S., ed., "Urban Redevelopment: 19th Century Vision, 20th Century Version," Design Quarterly, no. 85, 1972.

Groat, Linda, "Interview: Denise Scott Brown," Networks 1, California Institute of the

Arts, 1972, pp. 49-55.

Hoffman, Donald, "Monuments and the Strip," The Kansas City Star, December 10, 1972, p. 1D. (Review of Learning from Las Vegas.)

Holmes, Ann, "Art Circles," Houston Chronicle, May 7, 1972.

Huxtable, Ada Louise, "Architecture in '71: Lively Confusion," The New York Times, January 4, 1972, p. 26L.

Jackson, J. B., "An Architect Learns from Las Vegas," The Harvard Independent, November 30, 1972.

Jellinek, Roger, "In Praise (!) of Las Vegas," The New York Times, Books of the Times, December 29, 1972, p. 23L.

"Learning from Las Vegas by Robert Venturi, Denise Scott Brown and Steven Izenour," The New Republic, Book Reviews, December 2, 1972.

Maldonado, Thomas. La Speranza progettuale, ambiente e sociefa, Nuovo Politeenico 35. Turin: Einaudi, 1970. In English, Design, Nature, and Revolution, Toward a Critical Ecology, trans. Mario Domandi. New York: Harper & Row, 1972.

Marvel, Bill, "Can McDonald's, Chartres Find Happiness?" The Miami Herald, February 20, 1972, pp. 49K-50K.

___, "Do You Like the Arches? Sure, Easy, I Love Them!" The National Observer, February 12, 1972, pp. 1, 24.

McQuade, Walter, "Giving Them What They Want: The Venturi Influence," Life Magazine, April 14, 1972, p. 17.

Pious, Phyllis, "The Architecture of Venturi and Rauch," Artweek, Santa Barbara, November 1972, p. 3.

"Renovation of St. Francis de Sales, Philadelphia, 1968," Architectural Design, June 1972, p. 379.

Robinson, Lydia, "Learning from Las Vegas," The Harvard Crimson, December 4, 1972, p. 2.

Schwartz, Marty, "Radical-Radical Confrontation: I.V. Is Almost All Right," UCSB

Daily News, November 16, 1972, p. 5.

Sealander, John. "Appreciating the Architectural UGLY," The High¬lander, University of California at Riverside, November 30, 1972.

"Unas notas sobre, `Aprendiendo de todas las cosas,' de Robert Venturi," Gerardo Delgado, Jose Ramon Sierra, El Correo de Andalusia, May 2, 1972.

"Un diselio per al consumisme," Serra D'Or, Oriul Bohigas, February 1972, p. 18. (Review of Aprendiendo.)

Vandevanter, Peter, "Unorthodox Architect," Princeton Alumni Weekly , Alumni Adventures, December 12, 1972, p. 15.

___, "Venturi: Controversial Philadelphia Architect," The Daily Princetonian, February 26, 1972, p. 5ff.

Vermel, Ann, On the Scene, Hartford Stage Company, January 1972, pp. 1-2.

Waroff, Deborah, "The Venturis—American Selection," Building Design, no. 113, August 4, 1972, pp. 12-13.

Wines, James, "The Case for the Big Duck: Another View," Architectural Forum, April 1972, pp. 60-61, 72.

1973

"Award of Merit," House and Home, May 1973, pp. 116-117.

"Best Houses of 1973," American Home, September 1973, p. 52.

Blanton, John, "Learning from Las Vegas," Journal of the American Institute of Architects, February 1973, pp. 56ff.

Carney, Francis, "The Summa Popologica of Robert Nall Me Vegas') Venturi," Journal of the Royal Institute of British Architects, May 1973, pp. 242-244.

Cook, John W. and Klotz, Heinrich, Conversations With Architects. New York: Praeger Publishers, Inc., 1973. Interview with Robert Venturi and Denise Scott Brown, reprinted as "Ugly is Beautiful: The Main Street School of Architecture," The Atlantic Monthly, May 1973, pp. 33-43.

"En Passant Par Las Vegas," Architecture, Mouvement, September 1973, pp. 28-34.

(Review of Learning from Las Vegas.)

Fowler, Sigrid FL, "Learning from Las Vegas," Journal of Popular Culture, Vol. 7, No. 2, 1973, pp. 425-433.

French, Philip, "The World's Most Celebrated Oasis," The Times (London), February 26, 1973. (Review of Learning from Las Vegas.)

Glixon, Neil, "Is This Art?" Scholastic Voice, November 29, 1973, pp. 2-8.

Hack, Gary, "Venturi View of the Strip Leads to Las Vagueness," Landscape Architecture, July 1973, pp. 376-378.

Holland, Laurence B., "Rear-guard Rebellion," The Yale Review, Spring 1973, pp. 456-461. (Review of Learning from Las Vegas.)

Huxtable, Ada Louise, "In Love with Times Square," The New York Review of Books, October 18, 1973, pp. 45-48. (Review of Learning from Las Vegas.)

Kemper, Alfred M., Sam Mori, and Jacqueline Thompson, Drawings by American Architects, New York: John Wiley and Sons, 1973, pp. 564¬567.

Kurtz, Stephen A., Wasteland: Building the American Dream. New York: Praeger Publishers, 1973, pp. 11ff.

Levine, Stuart G., "Architectural Populism," American Studies (urban issue), Spring 1973, pp. 135-136. (Review of Learning from Las Vegas.)

McCoy, Esther, "Learning from Las Vegas," Historic Preservation, January-March 1973, pp. 44-46.

Matsushita, Kazuyuki, "Learning from Las Vegas," Architecture and Urbanism, Japan, April 1973, p. 116.

Merkel, Jayne, "Las Vegas as Architecture," The Cincinnati Enquirer, December 16, 1973, p. 6-G.

Moore, Charles, "Learning from Adam's House," Architectural Record, August 1973, p. 43. (Review of Learning from Las Vegas.)

Neil, J. Meredith, "Las Vegas on My Mind," Journal of Popular Culture, Vol. 7, No. 2, 1973, pp. 379-386.

Neuman, David J., "Learning from Las Vegas," Journal of Popular Culture, Spring 1973, p. 873.

Pawley, Martin, "Miraculous Expanding Tits versus Lacquered Nipples," Architectural Design, February 1973, p. 80. (Review of Learning from Las Vegas.)

Silver, Nathan, "Learning from Las Vegas," The New York Times Book Review, April 29, 1973, pp. 5-6.

"Some Decorated Sheds or Towards an Old Architecture," Progressive Architecture, May 1973, pp. 86-89.

Stern, Robert, "Stompin' at the Savoye," Architectural Forum, May 1973, pp. 46-48.

"Strip Building," Times Literary Supplement, April 6, 1973, p. 366.

von Moos, Stanislaus, "Learning from Las Vegas/Venturi et al.," Neue Ziiricher Zeitung, September 1973.

Wolf, Gary, Review of Learning from Las Vegas, Journal of the Society of Architectural Historians, October 1973, pp. 258-260.

Wright, L., "Robert Venturi and Anti-Architecture," Architectural Review, April 1973, pp. 262-264.

1974

"A Pair of Seaside Summer Cottages," Second Home, Spring-Summer 1974, pp. 68-71.

Allen, Gerald, "Venturi and Rauch's Humanities Building for the Purchase Campus of the State University of New York," Architectural Record, October 1974, pp. 120-124.

Batt, Margaret, "Historical Foundation Picks Strand Planners," The Galveston Daily News, Sunday, November 24, 1974, p. 1.

Beardsley, Monroe, "Learning from Las Vegas," The Journal of Aesthetics and Art Criticism, Winter 1974, pp. 245-246.

Cambell, Robert, "Yale Sums Up State of the Arts," The Boston Globe, Sunday, December 22, 1974, p. 26A.

Ciucci, Giorgio, "Walt Disney World," Architecture, Mouvement, Continuith, December 1974, pp. 42-51.

Cohen, Stuart, "Physical Context/Cultural Context: Including It All," Oppositions 2, January 4, 1974, pp. 1-40.

DeSeta, Cesare, "Robert Venturi, dissacratore e provocatore," Casabella, No. 394, October 1974, pp. 2-5.

Faghih, Nasrine, "Semiologie du signe sans message," Architecture, Mouvement, Continuite, December 1974, pp. 35-40.

Farney, Dennis, "The School of 'Messy Vitality'," The Wall Street Journal, January 4, 1974, p. 20.

Fitch, James Marston, "Single Point Perspective," Architectural Forum, March 1974. (Review of Learning from Las Vegas.)

Garau, Piero, "Robert Venturi: architetto della strada," Americana, May-June 1974, pp. 37-40.

Hall, Peter, "Learning from Las Vegas," Regional Studies, Vol. 8, No. 1, 1974, pp. 98-99. (Review.)

Hine, Thomas, "City Planners Often Forget That People Must Live There," The Philadelphia Inquirer, May 6, 1974, p. 11E.

___, "Franklin Shrine to Center on Abstract 'Ghost' House," Philadelphia Inquirer, July 19, 1974, pp. 1-D, 3-D.

___, "Learning from Levittown's Suburban Sprawl," The Philadelphia Inquirer, February 17, 1974, Section

Holmes, Ann, "The Pop Artist Who Isn't Kidding Plans to Give Vitality to the Strand," Houston Chronicle, Sunday, November 24, 1974, Part A, Section 4.

Kay, Jane Holtz, "Learning from Las Vegas," The Nation, January 12, 1974.

Koetter, Fred, "On Robert Venturi, Denise Scott Brown and Steven Izenour's Learning from Las Vegas," Oppositions 3, May 1974, pp. 98-104.

Kramer, Paul R., "Wir lernen vom Rom und Las Vegas," rVerk, Architektur und Kunst, February 1974, pp. 202-212. (Interview with Robert Venturi.)

Kuhns, William, "Learning from Las Vegas," New Orleans Review, Fall 1974, p. 394.

Moore, Charles W., and Nicholas Pyle, eds., The Yale Mathematics Building Competition. New Haven and London: Yale University Press, 1974.

Navone, Paola and Bruno Orlandoni, Architettura "radicale." Milan: Casabella, 1974, pp. 33ff.

"Nears Final Design," The Hartford Times, June 1974. (Hartford Stage Company.)

Raynor, Vivien, "Women in Professions, Architecture," VIVA, May 1974, pp. 30-31.

Redini, Maria Caterina, and Carla Saggioro, "Il tema della decorazione architettonica nell'America degli anni '60 attraverso Perspecta, The Yale Architectural Journal," Rassegna dell'Istituto di architettura eurbanistica, University of Rome, August-December, 1974, pp. 99-125.

Schmertz, Mildred F., "Vincent Scully versus Charles Moore," Architectural Record, December 1974, p. 45.

Schulze, Franz, "Toward an 'Impure' Architecture," Dialogue, Vol. 7, No. 3, 1974, pp. 54-63.

Scully, Vincent, The Shingle Style Today. New York: Braziller, 1974.

Sky, Alison, "On Iconology," On Site 5/6 On Energy, 1974. (Interview with Denise Scott Brown.)

Sorkin, Michael, "Robert Venturi and the Function of Architecture at the Present Time," Architectural Association Quarterly, Vol. 6, No. 2, 1974, pp. 31-35. (See also letters in Vol. 7, No. 1.)

Tafuri, Manfredo, "L'Architecture dans le boudoir: The Language of Criticism and the Criticism of Language," Oppositions 3, May 1974, pp. 37-62.

Treu, Piera Gentile, Della complessita in architettura: Problemi di com-posizione urbana nella teorica di Robert Venturi. Padua: Tipografia "La Garangola," 1974.

"21st Awards Program: A Year of Issues," Progressive Architecture, January 1974, pp. 52-89. (Denise Scott Brown juror.)

"Venturi," Architecture Plus, March/April 1974, p. 80.

"Venturi and Rauch 1970-74," Architecture and Urbanism, Japan, November 1974. (Issue devoted to the work of Venturi and Rauch.)

Zobl, Engelbert, "Architektur USA—East II: Robert Venturi—John Rauch," Architektur Aktuell—Fach Journal, April 1974, pp. 17-18.

1975

Berliner, Donna Israel and David C., "Thirty-six Women with Real Power Who Can Help You," Cosmopolitan, April 1975, pp. 195-196.

Goldberger, Paul, "Tract House, Celebrated," The New York Times Magazine, September 14, 1975, pp. 68-69, 74. (On the Brant house.)

Hine, Thomas, "East Poplar's Curious 'Victory'," Philadelphia Inquirer, June 29, 1975. (Fairmount Manor and Poplar Community project.)

___, "Pretzel-Land Welcomes the World," The Philadelphia inquirer, Today Magazine, Sunday, April 13, 1975, pp. 35-42. (On the City Edges Project.)

Polak, I'vlaralyn Lois, "Architect for Pop Culture," The Philadelphia Inquirer, Today Magazine, June 8, 1975, p. 8. (Interview with Denise Scott Brown.}

"Robert Venturi," Current Biography, July, 1975.

Rykwert, Joseph, "Ornament is No Crime," Studio, September 1975, pp. 95-97.

von Moos, Stanislaus, "Las Vegas, et cetera," and "Lachen, urn nicht zu weinen," with French translation, Archithese 13, 1975, pp. 5-32.

1976

Beck, Haig, "Letter from London," Architectural Design, February 1976, p. 121.

Dixon, John, "Show Us the Way," editorial, Progressive Architecture, June 1976. See also "Views" and "News Report: Scully Refuses AIA Honors," pp. 6, 8, 32, 39.

Forgey, Benjamin, "Keeping the Cities' Insight," The Washington Star, February 29, 1976, pp. 1, 24c. (Review of "Signs of Life: Symbols in the American City," a Bicentennial exhibition, Renwick Gallery, National Collection of Fine Arts of the Smithsonian Institution, Washington, D.C.)

"Franklin Court," Progressive Architecture, April 1976, pp. 69-70. (This issue is devoted to the "Philadelphia Story"; Venturi and Rauch mentioned throughout.)

Futagawa, Yukio (editor and photographer), Global Architecture 39: Venturi and Rauch, Tokyo: A.D.A. EDITA, 1976. (Text by Paul Goldberger.)

Geddes, Jean, "Is Your House Crawling with Urban Symbolism?", Forecast, May 1976, pp. 40-41. (Review of "Signs of Life" exhibit.)

Hess, Thomas B., "White Slave Traffic," New York, April 5, 1976, pp. 62-63. (Review of "200 Years of American Sculpture," Whitney Museum, 1976.)

Hoelterhoff, Manuela, "A Little of Everything at the Whitney," The Wall Street Journal, June 9, 1976.

Hoffman, Donald, "Art Talk," The Kansas City Star, Feburary 8, 1976, p. 3D. (Exhibition at Kansas City Art Institute.)

Hughes, Robert, "Overdressing for the Occasion," Time, April 5, 1976, pp. 42, 47. (Review of "200 Years of American Sculpture.")

Huxtable, Ada Louise, "The Fall and Rise of Main Street," The New York Times Magazine, May 30, 1976, pp. 12-14. (Includes Galveston project.)

___, "The Gospel According to Giedion and Gropius is under Attack," The New York Times, June 27, 1976, pp. 1, 29, Section 2.

___, "The Pop World of the Strip and the Sprawl," The New York Times, March 21, 1976, p. 28D. (Review of "Signs of Life.")

Kleihues, Josef Paul (Organizer), Dortmunder Architekturausstellung 1976. Dortmund: Dortmunder Architekturhefte No. 3, 1976. (Catalog of an architecture exhibition that includes work of Venturi and Rauch.)

Kramer, Hilton, "A Monumental Muddle of American Sculpture," The New York Times, March 28, 1976, pp. 1, 34D. (Review of "200 Years of American Sculpture.")

Kron, Joan, "Photo Finishes," New York, March 22, 1976, pp. 56-57.

Lebensztejn, Jean-Claude, "Hyperealisme, Kitsch et 'Venturi'," Critique, February 1976, pp. 99-135.

Lipstadt, Helene R., "Interview with R. Venturi and D. Scott Brown," Architecture, Mouvement, Continuite, in press.

Marvel, Bill, "On Reading the American Cityscape," National Observer, April 19, 1976. (Review of "Signs of Life.")

Miller, Robert L., "New Haven's Dixwell Fire Station by Venturi and Rauch," Architectural Record, June 1976, pp. 111-116.

Morton, David, "Venturi and Rauch, Brant House, Greenwich, Conn.," Progressive Architecture, August 1976, pp. 50-53.

"Off the Skyline and into the Museum," Newsday, April 14, 1976, pp. 4-5 A.

Orth, Maureen, with Lucy Howard, "Schlock Is Beautiful," Newsweek, March 8, 1976, p. 56. (Review of "Signs of Life.")

Pfister, Harold, "Exhibitions," The Decorative Arts Newsletter, Society of Architectural Historians, Summer 1976, pp. 3-5.

Quinn, Jim, "Dumb is Beautiful," "Learning from Our Living Rooms," Philadelphia Magazine, October 1976, pp. 156ff.

Quinn, Michael C., and Paul H. Tucker, "Dixwell Fire Station" Drawings for Modern Public Architecture in New Haven. New Haven: Yale University Art Gallery, 1976, pp. 19-24. (Exhibition catalog.)

Reichlin, Bruno, and Martin Steinman, eds., Archithese 19, issue on Realism.

Richard, Paul, "Rooms with a View on Life," The Washington Post, April 13, 1976, pp. 1-2 B. (Review of "Signs of Life.")

Rosenblatt, Roger, "The Pure Soldier," The New Republic, March 27, 1976, p. 32. (Musings on "Signs of Life.")

Russell, Beverly, "Real Life: It's Beautiful," House and Garden, August 1976, pp. 79ff.

Ryan, Barbara Haddad, "Gaudy Reality of American Landscape Shines in Renwick Show," Denver Post, May 9, 1976. (Review of "Signs of Life.")

Stein, Benjamin, "The Art Forms of Everyday Life," The Wall Street Journal, April 22, 1976. (Review of "Signs of Life.")

Stephens, Suzanne, "Signs and Symbols as Show Stoppers," Progressive Architecture, May 1976, p. 37. (Review of "Signs of Life.")

"Symbols," The New Yorker, March 15, 1976, pp. 27-29. ("Signs of Life.")

Von Eckhardt, Wolf, "Signs of an Urban Vernacular," The Washington Post, February 28, 1976, pp. 1, 3C. (Review of "Signs of Life.")

Von Moos, S., "Americana: Zwei Ausstellungen in Washington," Nene Aurcher Zeitung, July 17-18, 1976. (Review of "Signs of Life.")

B. WRITINGS BY ROBERT VENTURI

1953

"The Campidoglio: A Case Study," The Architectural Review, May 1953, pp. 333-334.

1960

"Project for a Beach House," Architectural Design, November 1960.

1961

"Weekend House," Progressive Architecture, April 1961, pp. 156-157.

1965

"A Justification for a Pop Architecture," Arts and Architecture, April 1965, p. 22.

"Complexity and Contradiction in Architecture," Perspecta 9-10, 1965, pp. 17-56. (Extract.)

1966

Complexity and Contradiction In Architecture. New York: Museum of Modern Art and Graham Foundation, 1966. Translated into Japanese, 1969; into French, 1971; into Spanish, 1972.

1967

"Selection from: Complexity and Contradiction in Architecture," Zodiac 17, 1967, pp. 123-126.

"Three Projects: Architecture and Landscape, Architecture and Sculp-ture, Architecture and City Planning," Perspecta 11, 1967, pp. 103-106.

"Trois batiments pour une ville de l'Ohio," L'Architecture d'aujourd'hui, December 1967-January 1968, pp. 37-39.

1968

"A Bill-Ding Board Involving Movies, Relics and Space," Architectural Forum, April 1968, pp. 74-76. (Football Hall of Fame Competition.)

"On Architecture," L'Architecture d'aujourd'hui, September 1968, pp. 36-39.

1975

"Architecture as Shelter with Decoration on It, and a Plea for a Symbolism of the Ordinary in Architecture," 1975. (Unpublished.)

1976

"Plain and Fancy Architecture by Cass Gilbert at Oberlin," Apollo, February 1976, pp. 6-9.

C. WRITINGS BY DENISE SCOTT BROWN

1962

"Form, Design and the City," Journal of the American Institute of Planners, November 1962. (Film review.)

1963

"City Planning and What It Means to Me to Be a City Planner," March 1963. Unpublished.

"Report on the Neighborhood Garden Association," Philadelphia, March 1963. Unpublished.

1964

"Natal Plans," Journal of the American Institute of Planners, May 1964, pp. 161-166. (On planning in South Africa.)

1965

"The Meaningful City," Journal of the American Institute of Architects, January 1965, pp. 27-32. (Reprinted in Connection, Spring 1967.)

1966

"Development Proposal for Dodge House Park," Arts and Architecture, April 1966, p. 16.

"Will Salvation Spoil the Dodge House?" Architectural Forum, October 1966, pp. 68-71.

1967

"The Function of a Table," Architectural Design, April 1967.

"Housing 1863," Journal of the American Institute of Planners, May 1967.

"The People's Architects," Landscape, Spring 1967, p. 38. (Review of The People's Architects, ed. H. S. Ransome.)

"Planning the Expo," Journal of the American Institute of Planners, July 1967, pp. 268-272.

"Planning the Powder Room," Journal of the American Institute of Architects, April 1967, pp. 81-83.

"Teaching Architectural History," Arts and Architecture, May 1967.

"Team 10, Perspecta 10, and the Present State of Architectural Theory," Journal of the American Institute of Planners, January 1967, pp. 42-50.

1968

"The Bicentennial's Fantasy Stage," The Philadelphia Evening Bulletin, March 8, 1968.

"Little Magazines in Architecture and Urbanism," Journal of The American Institute of Planners, July 1968, pp. 223-233.

"Mapping the City: Symbols and Systems.," Landscape, Spring 1968, pp. 22-25. (Review of Passoneau and Wurman, Urban Atlas.)

"Taming Megalopolis," Architectural Design, November 1968, p. 512. (Review of Taming Megalopolis, ed. H. Wentworth Eldridge.)

"Urban Structuring," Architectural Design, January 1968, p. 7. (Re-view of Urban Structuring: Studies of Alison and Peter Smithson.)

"Urbino," Journal of the American Institute of Planners, September 1968, pp. 344-46. (Review of Giancarlo de Carlo, Urbino.)

1969

"On Pop Art, Permissiveness and Planning," Journal of the American Institute of Planners, May 1969, pp. 184-186.

1970

"Education in the 1970's—Teaching for an Altered Reality," Architec-tural Record, October 1970.

"On Analysis and Design," unpublished, 1970.

"Reply to Sibyl Moholy-Nagy and Ulrich Franzen," unpublished, Sept-ember 4, 1970, p. 6. (Co-op City controversy.)

1971

"Learning from Pop," and "Reply to Frampton," Casabella, 389/360, May-June 1971, pp. 14-46. (Reprinted in Journal of Popular Culture, Fall 1973, pp. 387-401.)

1974

"Evaluation of the Humanities Building at Purchase" (with Elizabeth and Steven Izenour), Architectural Record, October 1974, p. 122.

"Giovanni Maria Cosco, 1926-1973," Rassegna dell' Istituto di Architettura e Urbanistica, University of Rome, August-December 1974, pp. 127-129.

1975

"On Formal Analysis as Design Research, With Some Notes on Studio Pedagogy," unpublished, 1975.

"Sexism and the Star System in Architecture," unpublished, 1975.

"Symbols, Signs and Aesthetics: Architectural Taste in a Pluralist Society," unpublished, 1975.

1976

"House Language" (with Elizabeth Izenour, Missy Maxwell, and Janet Schueren), American Home, August 1976. (On "Signs of Life.")

"On Architectural Formalism and Social Concern: A Discourse for Social Planners and Radical Chic Architects," Oppositions 5, Summer 1976, pp. 99-112.

"Signs of Life: Symbols in the American City" (with Elizabeth Izenou Steven Izenour, Missy Maxwell, Janet Schueren, and Robert Venturi) Text for a Bicentennial exhibition, Renwick Gallery, National Collection of Fine Arts, Smithsonian Institution, Washington, D.C., 1976.

Signs of Life: Symbols in the American City (with Steven Izenour New York: Aperture Inc., 1976. (Exhibition catalog.)

"Suburban Space, Scale and Symbol" (with Elizabeth Izenour, Missy Maxwell, and Janet Schueren), Via, University of Pennsylvania, 1976. (Excerpts from "Signs of Life.")

"The Symbolic Architecture of the American Suburb," in catalog for Suburban Alternatives: 11 American Projects, the American Architectural Exhibition for the 1976 Venice Biennale. (Excerpts from "Signs of Life.")

"Zeichen des Lebens, Signes de Vie," Archithese 19, 1976.

D. WRITINGS BY ROBERT VENTURI
AND DENISE SCOTT BROWN

1968

"A Significance for A&P Parking Lots, or Learning from Las Vegas," Architectural Forum, March 1968, pp. 37-43ff. Reprinted in Lotus, 1968, pp. 70-91. German translation, Werk, April 1969, pp. 256-266.

1969

"Learning from Lutyens," Journal of the Royal Institute of British Architects, August 1969, pp. 353-354. (Rejoinder to the Smithsons' interpretation of Sir Edwin Lutyens.)

"Mass Communications on the People Freeway, or, Piranesi is Too Easy," Perspecta 12, 1969, pp. 49-56. (In conjunction with Bruce Adams; third year studio project at Yale.)

1970

"Reply to Pawley—`Leading from the Rear'," Architectural Design, July 1970, pp. 4, 370. (Reply to "Leading from the Rear," Architectural Design, January 1970.)

1971

"Some Houses of Ill-Repute: A Discourse with Apologia on Recent Houses of Venturi and Rauch," Perspecta 13/14, 1971, pp. 259.267.

"Ugly and Ordinary Architecture, or the. Decorated Shed," Part I, Architectural Forum, November 1971, pp. 64-67; Part II, December 1971, pp. 48-53. (Discussion, January 1972, p. 12.)

"Yale Mathematics Building," unpublished, 1971.

1972

Learning from Las Vegas (with Steven Izenour). Cambridge, Mass.: MIT Press, 1972.

1973

"Bicentenaire de L'Independence Americaine," L'architecture d'aujourd'hui, November 1973, pp. 63-69.

1974

"Functionalism, Yes, But …" in Architecture and Urbanism, November 1974, pp. 33-34, and in Architecturas Bis, January 1975, pp. 1-2.

1977

Learning from Las Vegas: The Forgotten Symbolism of Architectural Form, revised edition (with Steven Izenour). Cambridge, Mass.: MIT Press, 1977.

E. WRITINGS BY DENISE SCOTT BROWN AND ROBERT VENTURI

1968

"On Ducks and Decoration," Architecture Canada, October 1968, p. 48.

1969

"The Bicentennial Commemoration 1976." Architectural Forum, October 1969, pp. 66-69.

"Venturi v. Gowan," Architectural Design, January 1969, pp. 31-36.

1970

"Co-op City: Learning to Like It," Progressive Architecture, February 1970, pp. 64-73.

"The Highway," Philadelphia, Institute of Contemporary Art, 1970. (Text to the catalog for the exhibit by the Institute of Contemporary Art, in collaboration with Rice University and the Akron Art Institute.)

1971

Aprendiendo de Todas Las Cosas. Barcelona: Tusquets Editor, 1971. (Compilation of articles; reviews are listed under 1972 in Section A.)

F. WRITINGS BY OTHERS AT VENTURI AND RAUCH

Carroll, Virginia, Denise Scott Brown, and Robert Venturi, "Levittown et Apres," L'architecture d'aujourd'hui, no 163, August-September 1972, pp. 38-42.

Carroll, Virginia, Denise Scott Brown, and Robert Venturi, "Styling, or `These houses are exactly the same. They just look different.' " Lotus 9, 1975. (In Italian and English; extract from Learning from Levittown, a study in progress.)

Hirshorn, Paul, and Steven Izenour, "Learning from Hamburgers: The Architecture of White Towers," Architecture Plus, June 1973, pp. 46-55.

Izenour, Steven, "Education in the 1970's—Teaching for an Altered Reality," Architectural Record, October 1970.

___ , "Civic Center Competition for Thousand Oaks, California; Entry by Venturi and Rauch in Association with Steven Izenour and Tony Pett," Architectural Design, February 1971, pp. 113-114.

출처

In Part I, photographs not credited were taken by faculty and students of the Learning from Las Vegas studio, Yale University.

1.	Denise Scott Brown
2.	Douglas Southworth
7.	Allan D'Arcangelo
8.	Glen Hodges
12.	Glen Hodges
13.	United Aerial Survey
14.	Reproduced by permission of Holt, Rinehart and Winston, Publishers, from Peter Blake, God's Own Junkyard. Copyright 1964 by Peter Blake.
15.	Robert Venturi
16.	Glen Hodges
17.	Giovanni Battista Nolli, Nuova Pianta di Roma Data in Luce da Giambattista Nolli, L'Anno MDCCXL VIII, Rome, 1748. Plate 19.
18.	Landis Aerial Surveys
19, 20.	Douglas Southworth
21, 22.	Ralph Carlson, Tony Farmer
24-27.	Ralph Carlson, Tony Farmer
23.	Douglas Southworth
28.	Ron Filson, Martha Wagner
29.	Ralph Carlson, Tony Farmer
30, 33.	Douglas Southworth
36.	Las Vegas News Bureau
37-39.	Photos from personal file of John F. Cahlan, Las Vegas, Nevada
40.	Las Vegas News Bureau
41.	Robert Venturi

42, 43.	Peter Hoyt
44.	Las Vegas News Bureau
47-49.	Peter Hoyt
51.	Caesars Palace, Las Vegas
53.	Robert Venturi
55, 56.	Caesars Palace, Las Vegas
57.	Deborah Marum
60.	Piranesi, Ron Filson, Martha Wagner
68.	Ron Filson, Martha Wagner
69.	Robert Venturi
70.	Victor Vasarely, Galerie Denise Rene, Paris
71.	Las Vegas Chamber of Commerce
72.	Glen Hodges
73.	Reproduced by permission of Holt, Rinehart and Winston, Publishers, from Peter Blake's, God's Own Junkyard. Copyright 1964 by Peter Blake.
74.	Standard Oil Co., New Jersey
75, 76.	Robert Venturi
77.	Reproduced by permission of Verlag Gerd Hatje GMBH, Stuttgart, from Schwab, The Architecture of Paul Rudolph, Robert Perron
78.	William Watkins
79.	Reproduced by permission of Progressive Architecture, May 1967
80.	The office of Venturi and Rauch
81.	Robert Perron
82-86.	William Watkins
87.	Robert Venturi
88.	Jean Roubier, Paris
90, 91.	Learning from Las Vegas studio, Yale University
92.	Museo Vaticano, Rome

93, 94.	Robert Venturi
95.	Chicago Architectural Photo-graphing Company
96.	Camera Center, Charlottes-ville, Virginia, or Dexter Press, Inc., West Nyack, N.Y.
99.	Spencer Parsons
100.	Reproduced by permission of the Museum of Modern Art, New York; Mies van der Rohe, House with Three Courts, project 1934
102, 103.	Charles Brickbauer
104-106.	Learning from Las Vegas studio, Yale University
107-108.	Learning from Levittown studio, Yale University
110.	Learning from Las Vegas studio, Yale University
111.	Denise Scott Brown
112.	Bryan and Shear, Ltd
113.	Denise Scott Brown
114.	Moshe Safdie
115, 116.	David Hirsch
117.	William Watkins
118.	Robert Ventur
119, 120.	Reproduced by permission of Architectural Book Publishing Co., from George Nei son, Industrial Architecture Albert Kahn
121.	Reproduced by permission of Harvard University Press, Cam bridge, from Sigfried Giedion, Space, Time and Architecture Moholy-Dessau
122.	Reproduced by permission of Architectural Press Ltd., London, from Le Corbusier, Towards a New Architecture
124.	Reproduced by permission of Architectural Press Ltd., London, from j. M. Richards, The Functional Tradition in Early Industrial Buildings, Eric de Mare
12.	Peter Kidson, Peter Murray, and Paul Thompson, A History of English

Architecture, Penguin Books

126.   Reproduced by permission of Harvard University Press, Cambridge, from Sigfried Giedion, Space, Time and Architecture

127.   Reproduced by permission of Van Nostrand Reinhold Co., copyright 1967, from Peter Cook, Architecture: Action and Plan, Tchernikov's 101 Fantasies

128.   Reproduced by permission of Doubleday and Co., Inc., from R. Buckminster Fuller, Robert W. Marks, The Dymaxion World of Buckminster Fuller, copyright 1960 by R. Buckminster Fuller

130, 131.   Reproduced by permission of Van Nostrand Reinhold Co., from G.E. Kidder-Smith, Italy Builds

132.   Reproduced by permission of Verlag Gerd Hatje GMBH, Stuttgart, from Le Corbusier, Creation is a Patient Search

133.   Henry-Russell Hitchcock, Jr.

134.   Damara

136.   George Cserna

137.   Hellmuth, Obata and Kassabaum

138.   Peter Papademetriou.

139.   Robert Venturi

140.   Denise Scott Brown

141.   Reproduced by permission of Van Nostrand Reinhold Co., copyright 1967, from Peter Cook, Architecture: Action and Plan

142.   Learning from Levittown studio, Yale University, Robert Miller

143.   Learning from Levittown studio, Yale University, Evan Lanman

144.   Learning from Levittown studio, Yale University

145.   Las Vegas News Bureau

146.   Robert Venturi

패러다임의 이동 : 데커레이티드 셰드의 재발견

Shifting Paradigms : Renovating the Decorated Shed

패러다임의 이동 : 데커레이티드 셰드의 재발견

건축의 사인, 셸터, 컨텍스트

　20세기 후반을 풍미한 건축가 로버트 벤투리와 데니스 스콧 브라운은 버나큘러 경관에서 현재의 사회, 문화, 기술적 컨텍스트를 이해하기 위한 단서를 찾는 것을 강조하고 연구해왔다. 1972년 그들은 저서 '라스베가스의 교훈(Learning from Las Vegas)'을 통해 건축은 '셸터(shelter: 거주공간)'라는 내면적인 역할과 '사인(signage: 기호)'라는 소통, 장식, 정보, 상징적 측면을 가지고 있다고 주장하며 건축의 이중성에 주목했다. 그들은 자동차의 거리 라스베이거스 스트립 연구를 통해 '데커레이티드 셰드(Decorated Shed)'[1]라는 조합을 만들었다(그림 1). 버나큘러, 특히 1960년대 대중문화에 주목한 벤투리와 스콧 브라운은 '포스트모던' 건축가로 널리 알려졌다. 이 글은 그들의 이론을 재평가하고 그들의 최근 저서『기호와 시스템으로 읽는 건축: 매너리즘 시대를 위하여』[2]에 나타난 개념들을 통해 현 컨텍스트속에서 그들의 중요성과 잠재력을 살펴본다.

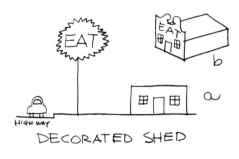

그림 1.　(좌) 1970년대 라스베이거스 스트립© Venturi, Scott Brown & Associates (VSBA)
　　　　(우) '라스베이거스의 교훈'에서 발췌한 '데커레이티드 셰드' 스케치 © VSBA

『기호와 시스템으로 읽는 건축: 매너리즘 시대를 위하여』는 '사인'과 '셸터'로 구성된 건축적 이중성을 재조명하며, 오늘날의 탈공업화 및 정보화 시대에 규칙을 조절할 여지가 있는 매너리스트 건축을 옹호한다. 또한 사회적 상황에서 건축의 물리적 형태를 끌어내는 디자인 도구로서의 중첩된 활동 패턴의 개념을 소개하고 건축적 컨텍스트의 개념을 재평가하며 형태와 기능적 유연성의 관계를 살펴본다(그림 2). 이 개념들은 커뮤니케이션과 지각 기술의 빠른 발달로 공적, 사적 공간의 경계가 모호해지고 있는 현대사회와 밀접한 관계를 가지고 있다. 하나의 엄격한 가치 체계, 하나의 확립된 미적 기준, 또는 정적인 공간 안의 하나의 기능과 같은 독단주의를 부정한다. 역사적이고 문화적인 소통을 거부하는 네오모더니즘의 피상적인 기능주의 건축 또는 해체주의의 산만한 표현주의적 양식과 달리 벤투리와 스콧 브라운은 총체적이고 개별적인 패턴으로 현대사회를 이해할 것을 제안하며 건축은 그 복합성의 일부임을 강조한다. 이 글은 현재의 사회, 기술적 패러다임과 그들이 사회에 미치는 영향을 살펴봄으로써, '컨텍스트,' '셸터', '사인' 간의 관계가 오늘날 건축에서 계속 확장됨에 따라 요구되는 유연성과 상호작용을 수용하기 위해서는 '컨텍스트,' '셸터,' '사인'의 재정의가 필요하다고 제안한다.

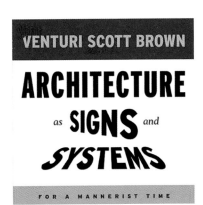

그림 2. (좌) '기호와 시스템으로 읽는 건축: 매너리즘 시대를 위하여' © VSBA
(우) 저자인 로버트 벤투리와 데니스 스콧 브라운 © Richard Schulman/Corbis

컨텍스트: 사회적, 기술적, 공간적 패러다임의 이동

벤투리와 스콧 브라운은 컨텍스트를 통해 건축의 공간, 조직적 측면을 이해한다. 스콧 브라운은 컨텍스트가 물리적일 뿐 아니라 시공간의 사회, 문화적 패턴을 포함한 여러 형태로 존재한다고 주장한다. 컨텍스트와 건축은 서로 영향을 주고 받는다.[3]

어느 문화권이든 그곳의 가치 기준이 되는 사회적 패러다임과 사회 활동을 가능하게 하는 기술적 인프라는 뗄래야 뗄 수 없는 관계이다.[4] 마누엘 카스텔스(Manuel Castells)는 "기술은 사회이며 사회는 기술적 도구 없이 이해되거나 표현될 수 없다"[5]라고 하였다. 타임지가 가상공간이자 무형물인 유튜브(YouTube.com)를 2006년 최고의 발명품으로 선정한 것은 산업시대에서 새로운 정보화시대[6]로 옮겨가고 있는 사회적 패러다임의 이동을 알려주는 신호였다(그림 3). 커뮤니케이션 기술과 인터넷, 휴대전화, 아이팟(iPod), 소니 PSP 등의 소형 전자제품의 발달은 사용자의 공간 인식에 순간적이고 편리한 변화를 가져왔다(그림 4). 공공장소에서 휴대전화를 사용하는 사람은 상대방의 정체를 밝히지 않은 채 개인적인 대화를 할 수 있으며, 인터넷에 접속해 온라인 몰에서 물건을 구매하거나 온라인 포럼에서 대화를 나누고 화상회의를 하는 등 전통적으로 공적인 활동을 침실이라는 지극히 사적인 공간 안에서 해결할 수 있게 되었다. 심지어 '세컨드 라이프(Second Life)와 같은 다중 접속 역할 수행 게임(MMORPG)은 전세계 15,735,863 명(2008년 11월 4일 기준)[7]의 '거주자'라고 불리는 사용자가 만들고 소유하고 있는 온라인 상의 가상세계이다(그림 5).

그림 3. 2006년 타임지가 선정한 올해의 발명품 유튜브
© Roland Schlager/Corbis

그림 4. (좌) 아이팟 광고 © Paul Souders/Corbis
(우) 중국인 사용자의 모습 © Move Art Management/Corbis

그림 5. '세컨드 라이프'의 한 장면 © Linden Lab

여기서 우리는 정보와 커뮤니케이션 기술에 의존하는 비공간적 활동과 공간 위주의 물리적인 활동을 구분할 수 있다. 1964년 멜빈 웨버(Melvin Webber)가 묘사한 미래도시의 '비장소 도시 영역(the nonplace urban realm)'에 따르면 자동차의 이용으로 향상된 개인의 이동 능력은 물리적 장소를 비물질화시키고 사람들은 각자의 활동을 충족시킬 가장 좋은 장소를 선택할 수 있다고 한다.[8] 웨버는 공간적 접근성에 의존하는 많은 활동이 커뮤니케이션과 교통 기술의 발달로 인해 비공간적인 방식으로 행해지고, 그 결과 사람들의 거주 범위는 더욱 확대될 것이라 예상했다. 그의 예상과는 달리 1996년 웨버는 여전히 도심이 성행하고 많은 활동이 계속해서 공간에 의존하고 있음을 발견했다. 사람들은 직접 정보를 전달받는 데서 오는 신뢰와 편리함을 중요시 했고 우연히 마주치는 기회를 즐겼다.[9] 하지만 커뮤니케이션과 교통 기술의 발달은 광범위한 공간 안에서의 접촉을 더욱 빠르고 쉽게 변화시켰으며 멀리 떨어진 장소들 사이의 상호작용과 거래가 증가했다.

오늘날 소형 커뮤니케이션 장치를 사용하고 가상공간에서 비공간적인 기능을 순간적으로 소화해낼 수 있는 우리의 능력은 공적, 사적 공간 사이의 전통적인 관계가 어떻게 변질되었는가에 대한 논쟁을 불러일으켰다. 우리는 공간적 경계가 모호해지고 있는 상황에 대해 디자이너들이 어떻게 대처해야 하며 건축가들이 전통적인 구분을 강화하고 사적인 삶과 공적인 삶 모두를 가진 이용자들의 보안과 안락함, 편리를 위해 공간적 위계질서를 유지해야 하는지 등의 질문을 해야 한다. 하지만 한 가지 잊지 말아야 할 점은 새로 생긴 '비공간적' 활동들 역시 금융사 객장, 구글 같이 정보기술을 기반으로 한 회사 혹은 공적인 강의실이 개인의 사적인 공간 안으로 분산된 온라인대학 등 독특한 성격을 가진 공간 안에서 이루어진다는 점이나. 이와 같은 활동들의 효율성과 질은 커뮤니케이션 접속력과 공간의 적응력에 따라 좌우된다. 우리는 엄격한 공간적 위계질서와 전통적인 기능의 배치를 다시 고려하고 더욱 네트워크화되고 적응력이 향상된 공간 배치를 탐구해야 한다. 카스텔스는 거리와 상관 없이 동시성과 실시간 상호작용의 장점을 활용하는 공간을 '흐름의 공간'[10]이라고 명명했다.

글로벌 네트워크의 범위가 확장되고 그 용도가 다양해짐에 따라 유연한 공간적 인프라의 장점을 응용할 수 있는 공간은 계속해서 생겨날 것이다. 1958년 케빈 린치(Kevin Lynch)는 '환경적 적응력(Environmental Adaptability)'이라는 글을 통해 효과적으로 분산된 커뮤니케이션 시스템은 공간적 융통성으로 이어지며 "내부의 연결이 원활하다면 자원은 필요에 따라 쉽게 이동할 수 있다"[11]라고 주장했다. 당시 린치는 복도와 같은 공간적 소통을 의미했지만 그 개념은 전자메일과 화상회의 같은 가상영역상의 정보와 커뮤니케이션 소통에도 적용된다. 정보화 시대에 비공간적 소통은 편리하고 신뢰할 수 있어야 하며 끊임없이 변화하는 비공간적 활동의 성격을 고려해 융통성 있고 일반적인 작업공간으로 다양한 프로그램을 수용하고 프라이버시를 존중할 수 있어야 한다. 융통성의 개념은 역사적으로 건축과 도시계획의 중요한 주제로 사회, 문화, 경제적 패러다임이 계속해서 빠르게 이동하며 그에 다른 물리적 환경의 적응이 요구되는 현대사회에서 특히 중요하게 작용한다.

한편 전세계적으로 인구는 빠르게 도시로 집중되고 있다. 뉴욕과 피츠버그 같이 이미 성숙한 도시로 이주하거나 상하이나 뭄바이 같은 신흥 개발 도시로 몰려드는 인구는 도심지역 부동산 가치의 상승을 초래했으며, 경제적 필요성에 따라 건축의 유연성을 재검토하고, 같은 공간 안에 더 많은 기능을 수용할 수 있는 공간적 구성을 찾게 했다. 2001년 국립종합평가처(National Assessment Synthesis Team)의 발표에 따르면 도시에 사는 미국 인구는 전체의 79%에 이르며 이는 1900년의 40%에 비해 크게 증가한 것이다.[12](그림 6, 7, 8) 전세계 도시 인구수는 2007년 5월 23일 최초로 지방 인구수를 앞질렀다.[13] 이러한 현상은 개발도상국에서 보다 빠르고 광범위하게 진행되고 있지만 전세계적으로 가속화되고 있다. 한국의 경우 지난 40년 간 도시 인구는 전체의 20%에서 80%로 증가했다.[14]

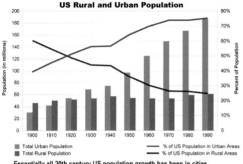

그림 6. 2001년 출간된 '기후 변화가 미국에 미치는 영향: 기후 변화로 인해 예상되는 결과'에서 발췌한 미국의 지방 인구와 도시 인구 비교 차트
© US Global Change Research Program

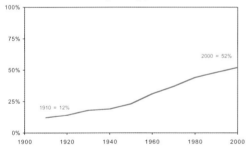

그림 7. 2000년 출간된 '최초의 측정 세기: 1900–2000미국의 트렌드 가이드'에서 발췌한 미국 도시 근교 인구 차트
© Ben Wattenberg. The First Measured Century, 2000

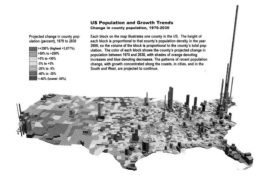

그림 8. 2001년 출간된 '기후 변화가 미국에 미치는 영향: 기후 변화로 인해 예상되는 결과'에서 발췌한 미국의 인구 증가 성향
© US Global Change Research Program

기능의 재정의

『기호와 시스템으로 읽는 건축: 매너리즘 시대를 위하여』의 '패턴과 시스템으로서의 건축(Architecture as Patterns and Systems)'이라는 장에서 도시계획가이자 건축가인 스콧 브라운은 커뮤니케이션 기술의 발달과 인구 이동에 따른 부동산 가치 상승 등의 사회적 패러다임을 서로 중첩하면 도시 연구, 도시 및 캠퍼스 계획, 건물 설계에 응용할 수 있는 패턴이 된다고 한다. 남아프리카, 영국, 미국 등 여러 곳에서 영감을 얻은 그의 주장에 따르면 가치와 기능에 대한 사회의 정의가 다문화화되고 복잡해질수록 정보 중첩은 사회의 총체적이고 개별적인 패턴을 이해하는데 유용한 수단이 된다는 것. 하지만 중첩된 시스템의 사용자는 각 레이어의 규칙들 사이에서 대립을 발견할 수 있으며, 모든 시스템의 규칙을 동시에 따르는 것은 비효율적이거나 불가능하다고 느낄 수도 있다고 경고한다. 그러면서 건축가와 도시계획가는 우선순위를 정할 때 서두르지 말고 기능적인 최적화를 이루기 위해 개별 규칙을 조절할 수 있도록 '매너리스트적'인 접근을 시도하라고 제안한다. 벤투리와 스콧 브라운의 정의에 따르면 매너리즘이란 규칙을 잘 아는 사람이 지식에 근거해 생산적인 이유로 규칙을 깨는 것을 의미한다. 그들은 대부분의 규칙에는 목적이 있기 때문에 규칙을 벗어나는 것은 기능적인 이유에 근거해야 하며 제한적이어야 한다고 주장하며 "만일 모두가 예외라면 예외는 더 이상 흥미롭지 않다"[15]고 덧붙였다.

오늘날의 사회 패턴 변화와 빠르게 바뀌는 건물 프로그램을 관찰한 스콧 브라운은 건물의 초기 사용자가 요구하는 것 외에 다양한 활동과 기능을 수용할 수 있는 건물을 설계할 것을 주문하면서 손가락장갑과 벙어리장갑을 비교하며 성공적인 공간 구성에 대해 설명을 한다.[16] 손가락장갑은 초기 사용자의 손가락에는 꼭 맞는 반면 벙어리장갑은 꼼지락거릴 수 있는 여분의 공간이 있어 여러 사용자가 착용할 수 있다. 그러므로 하나의 초기 기능에 꼭 맞춘 건물을 설계하기 보다 미래의 공간적 요구를 예상해 건축적 '여유 공간'을 가질 것을 제안하며, 로프트 건물의 높은 천정과 일반적으로 구획된 열린 평면 또는 이탈리아식 광장을 유연한 공간의 예로 들고 있다(그림 9).

UNASHAMED GENERIC ORDERS

그림 9. (좌) '기호와 시스템으로 읽는 건축: 매너리즘 시대를 위하여'에서 발췌한 손가락장갑 vs. 벙어리장갑 스케치 © VSBA
(우) '여유 공간(wiggle room)'이 있는 공간 유형의 예 © VSBA

건축의 기능적 유연성

기능적 유연성은 오랫동안 계속되어 온 건축적 개념이다. 1958년 케빈 린치는 공간적 유연성을 확보하기 위한 몇 가지 방법을 나열했다. 미래의 변화가 전체 조직에 영향을 주지 않도록 넓은 간격을 사이에 둔 구조의 집중, 설정된 구역 주변부의 성장이 구조의 중심에 영향을 주지 않는 모듈 또는 격자 형식의 구조 사용, 저강도 완충 구역으로 프로그램이 서로 충돌하지 않고 확장, 축소할 수 있는 방식, 특정 기능에 맞춘 협소한 형태 회피; 미래의 프로그램 확장을 대비한 잉여 공간의 공급, 임시 구조의 사용, 효율적인 네트워크 커뮤니케이션 시스템 등 프로그램과 상호작용의 변화를 분석하고 효과적으로 수용할 수 있는 방안이다.[17] 건축에서 유연성의 개념은 다양한 방식으로 다루어졌는데 그 예로 게리트 리트벨트(Gerrit Rietveld)의 슈뢰더 하우스(Schroder House), 미스 반 데 로에(Mies van der Rohe)의 '보편적 공간(Universal space),' 루이스 칸(Louis Kahn)의 '주공간과 보조 공간(The Served and the Servant Spaces),' 카네기멜론대학교의 '지적인 작업공간(Intelligent Workplace)' 그리고 피터 아이젠만(Peter Eisenman)의 '경계가 모호한 공간(Blurred Zone)' 등을 들 수 있다.

데스틸 (De Stijl) 건축가 게리트 리트벨트의 1924년 슈뢰더 하우스의 거실은 변형 가능한 열린 공간으로 이동식 또는 회전식 칸막이로 세분화될 수 있다. 일본 전통 건축의 미닫이문인 쇼지 스크린에서 영감을 얻은 움직이는 칸막이 개념은 초기 근대주의 건축가부터 현대 건축가에 이르기까지 유연성 실현을 위해 사용되어왔다. 이는 공학과 기술의 발달로 건물 내부에 구조적인 요소의 사용이 최소화되며 열린 공간이 더욱 넓어진 산업시대에 특히 널리 유행한 방식이었다(그림 10).

그림 10. (좌) 게리트 리트벨트의 슈뢰더 하우스, 네덜란드 위트레흐트 © Jorge Romerillo
　　　　 (우) 요시지마 하우스, 일본 © Wikipedia Photospace

1940년대 미스 반 데 로에는 '보편적 공간'이라는 '일반화된' 실내 공간 개념을 통해 유연성에 대해 탐구했다. 이는 그가 설계한 일리노이 공과대학 내 크라운홀(Crown Hall)에서 알 수 있듯이 인공 조명과 자연 채광의 고른 배치, 최소화된 구조적 요소들이 특징이다(그림 11). 그 또한 대학의 다양한 프로그램을 고려해 이동식 칸막이를 응용한 변형 가능한 공간을 제안했다(그림 12).

그림 11. 미스 반 데 로에의 크라운홀, 일리노이 공과대학, 일리노이 시카고 © Andy Wu

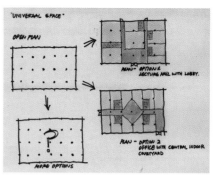

그림 12. '보편적 공간(Universal Space)'의 다이어그램 © Steven Song

　　1960년대 루이스 칸이 발전시킨 '주공간과 보조 공간' 개념은 미스 반 데 로에의 '보편적 공간'에서 출발하였으나 2차적인 보조 기능을 전체의 일부이지만 독립된 부분으로 구분했다. 그는 리처드 의학 연구소(the Richards Medical Research Laboratories Building)의 '보조 공간'인 동선과 설비 샤프트를 '주공간'인 연구소의 가장자리에 수직으로 연결함으로써 평면의 간섭을 최소화하는 유연한 공간 구성을 실현했다(그림 13, 14). 한편 벤투리와 스콧 브라운은 공공공간을 건물 내부로 유입시켜 칸의 개념을 한 단계 발전시켰다.[18]

그림 13. 루이스 칸의 리처드 의학연구소, 펜실베이니아 필라델피아 © Bettman/Corbis

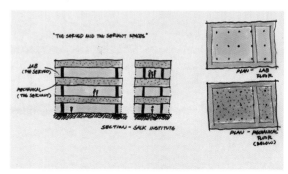

그림 14. 리처드 의학연구소의 '주 공간과 보조 공간 (The Served and the Servant Spaces)' 다이어그램 © Steven Song

잠바티스타 놀리(Giambattista Nolli)의 도시 내 공적, 사적 공간의 맵핑과 데이비드 크레인(David Crane)의 "운동의 네 가지 모습(Four Faces of Movement)"[19]에 나타난 다원적인 정의를 바탕으로 스콧 브라운은 도시의 공공공간은 외부와 내부를 넘나드는 복합적인 연속체라고 분석한다. 건물 안으로 혹은 건물을 관통하며 이어지는 거리는 외부와 내부를 연결하고 진입, 활동, 커뮤니케이션의 흐름 등을 주도한다. 이는 더 이상 '보조 공간'에 그치지 않으며 '주공간과 보조 공간'의 개념에 공적인 차원을 더해 그 두 공간의 역할에 변화를 줌으로서 전통적으로 배경의 역할을 하던 공적인 거리가 건축의 전경으로 나오게 된다.

피츠버그에 자리한 카네기멜론대학 내 마가렛 모리슨 빌딩 지붕에는 '지적인 작업 공간'이라 불리는 교수실 공간이 있다. 이 공간은 최신 빌딩시스템과 지속가능한 건축을 연구하는 교수들의 협력 하에 1997년에 완성되었다. 이 공간은 기술적 적응력과 환경적 지속가능성을 추구하는 한편 이동식 칸막이와 가구 유닛을 응용, 프로그램의 변화에 따라 공간을 재구성할 수 있는 '조직적 유연성'을 동시에 추구한다(그림 15).

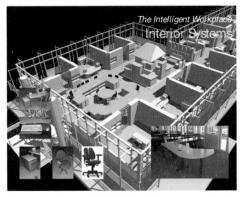

그림 15. 카네기멜론 대학의 '인텔리전트 작업 공간', 펜실베이니아 피츠버그 © CMU/IW Project

앞서 살펴본 '유연한' 건축의 예는 대부분 단순화된 열린 공간 안에 이동식 칸막이나 가구를 배치한 경우이다. 하지만 이들이 주장하는 유연성은 종종 모호하다. 이동식 칸막이는 공간의 사용 기간의 처음이나 마지막을 제외하곤 거의 움직이지 않으며 그와 같이 기능이 불분명한 공간이 과연 선호 대상일지 의문이다. 따라서 공간적 유연성은 가구를 재배치하는 데 그치는 경우가 많다. 구조적 요소와 기계적 요소를 최소화해 얻은 열린 공간은 유연성이 목적이지만, 실제로 이동식 요소들을 움직이는 것은 불편하거나 슈뢰더 하우스의 거실과 같이 구체적인 프로그램 없이 단순히 공간을 분할하는데 그친다. '지적인 작업공간'의 책꽂이는 책을 꽂은 채 이동하기에는 너무 무거웠으며, 이동식 벽과 책상을 옮길 때면 모든 전기 및 기계 플러그를 뽑아 옮겨야 했다. 그러므로 의도된 유연성은 제한적으로 사용되는 현실과는 거리가 있었다.

1980, 90년대 피터 아이젠만은 또 다른 형태의 유연한 건축을 실험했다. 자크 데리다(Jacques Derrida)의 '임의적 텍스트(arbitrary text)'의 개념에서 영감을 얻은 아이젠만은 기능, 대지, 프로그램, 구축 등 기존의 건축적 텍스트를 임의로 뒤섞어 계속해서 변화하는 형이상학적으로 유연한 공간을 창조했다.[20] (그림16, 17) 하지만 현실에서 '임의적 텍스트'는 진정한 기능적 유연성보다는 조형적으로 추상적이고 혼란스런 건축적 요소들로 공간과 프로그램이 중첩된 하나의 고정된 이미지를 만든다. 프랭크 게리의 MIT 스타타센터 디자인 또한 서로 교차하는 형태들이 유연성을 강조하고 있지만 실제로는 정해진 공간 안에 배치된 정적인 프로그램들일 뿐이다. 하지만 다양한 공간 유형을 통해 동선이 효과적으로 기능한다면 유연성을 얻을 수 있을 것이다. 이는 펜실베이니아대학의 퍼네스 빌딩(Furness Building)과 같은 경우로 100년도 넘은 건물이지만 다양한 공간 유형으로 컴퓨터 도서관 시스템의 도입이 가능했다.[21]

그림 16. 피터 아이젠만의 스페인 갈리시아 문화의 도시 3D 모형
© Eisenman Architects

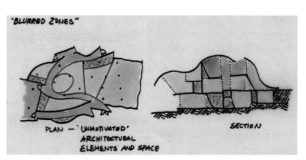

그림 17. 해체주의 '경계가 모호한 공간(Blurred Zone)' 다이어그램
© Steven Song

셸터: 여유 공간(Wiggle Room)과 변화 공간(Shifting Spaces)

    벤투리와 스콧 브라운은 일반적인 공간의 불특정한 형태, 코어와 진입이 집중된 중심, 건축적 요소의 모듈성과 규칙성, 평면적, 단면적으로 여유로운 공간, 고른 조명에서 그들의 '벙어리장갑'식 공간 구성의 '여유 공간'을 찾는다(그림18). 이와 같은 '여유 공간'은 초기 사용자를 위한 유연성을 제공하는 한편 미래의 프로그램적 변화와 각각의 사용기간 사이의 다양한 공간 구성에 대비한다. 이 글은 현대건축에서 나타나는 또 하나의 유연성에 주목하고 있다. 이는 한 사용자의 사용기간 중에 발생하는 프로그램의 변화를 위한 또 하나의 '여유 공간'인 '변화 공간'이다(그림19).

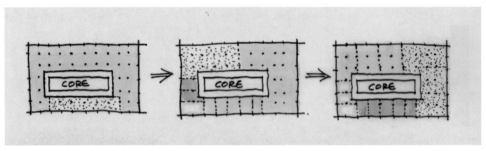

그림 18. 벤투리와 스콧 브라운의 일반적인 로프트 빌딩과 유연한 공간 구성 다이어그램 © Steven Song

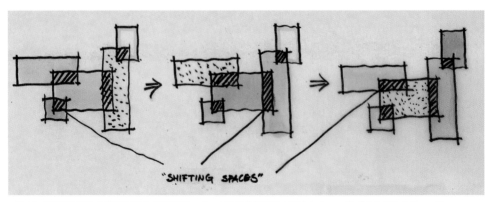

그림 19. 프로그램 중간에 위치한 '변화 공간(Shifting Space)'으로서의 '여유 공간(wiggle room)' 다이어그램 © Steven Song

뉴욕에 소재한 건축사무소 아브로코(AvroKO)가 디자인한 소형 주거 유닛인 '스마트.스페이스(Smart.space)'는 사용 중 용도를 바꾸어 제한된 공간 사용을 극대화시키는 중첩 프로그램을 위한 공간의 예를 보여준다. 부엌과 손님용 침실 사이에 자리한 분리 벽은 필요한 기능 또는 때에 따라 움직여 공간을 조절한다(그림20). 이는 때때로 이동식 칸막이나 가구를 움직여 모호한 공간을 형성하던 것보다 한 단계 진보한 예이다.

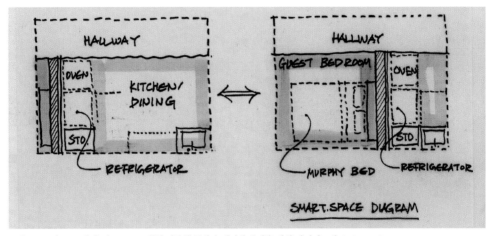

그림 20. 스마트. 스페이스(smart.space)'의 이동식 부엌과 접이식 손님용 침실 다이어그램 © Steven Song

'변화 공간'은 반드시 움직이는 요소를 필요로 하지는 않는다. 린치는 공간적 유연성은 "확장 가능성이 가장 많은 프로그램의 한 면과 두 번째로 중요한 활동 사이에 비교적 약한 강도의 완충공간이 있는 (프로그램의) 패턴이어야 한다"[22]고 주장한다. 따라서 프로그램은 주변 프로그램을 침범하지 않은 채 확장 또는 수축할 수 있다. '변화 공간'은 이 개념을 한층 발전시켜 주변 프로그램의 공통분모인 일반적인 기능을 프로그램 사이에 위치한 저강도 완충 공간에 부여한다. 이는 공간 이용을 극대화하는 동시에 프로그램 간 연결을 부드럽게하여 공간적 유연성과 효율을 높인다.

한 예로 일반적인 휴식 공간을 사이에 둔 안내데스크와 바(bar)라는 2개의 구체적인 프로그램을 하나의 열린 공긴 안에 배치한 디임즈스퀘어의 W호텔 로비를 들 수 있다. 이 사이 공간은 체크인/체크아웃 기능이 주를 이루는 낮 시간에는 안내데스크의 일부로 기능하며, 저녁 시간에는 바의 일부로 전환된다. 그와 같은 공간적 구성은 유럽의 오래된 소규모 부띠크 호텔에서 찾아볼 수 있는 방식으로 체크인/체크아웃이 가장 적은 오후에 로비를 티룸으로 전환해 사용한 것이 그 예다. 공간과 프로그램의 구성으로 필요에 따라 기능을 바꿈으로써 여러 가지 프로그램을 수행할 수 있는 공간이다(그림 21, 22).

그림 21. 2001년 완공된 야부 푸셀버그의 뉴욕 타임스퀘어 W 호텔의 로비에 위치한 안내 데스크와 바 사이 휴식공간
© Kittylittered

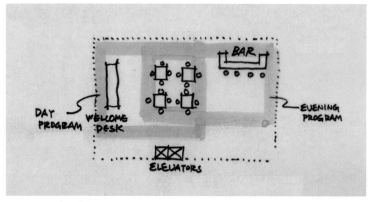

그림 22. W호텔 로비의 공간 다이어그램 © Steven Song

건축 언어의 확장

건축 요소의 발전과 진화는 중첩되는 프로그램을 가진 공간 디자인에 도움을 준다. 렘 쿨하스(Rem Koolhaas)가 설계한 프랑스 보르도의 주택은 동선과 바닥 기능이 혼합된 수직 시스템을 포함하고 있다. 장애인 건축주의 편의를 위해 디자인된 이 이동식 바닥은 수직적으로 이동한다는 차이를 제외하곤 아브로코의 '스마트.스페이스'와 비슷한 방식으로 기능한다. 최초로 수직 동선 시스템을 발명한 엘리샤 오티스(Elisha Otis)가 1852년 그 안전성을 확인하자 그것이 가져올 건축적 가능성과 사회적 영향력은 무한할 것으로 생각되었다. 하지만 수직 동선 시스템은 건물 내부에 위치한 코어에 한정되며 건축의 수직 성장에 기여할 뿐이었다. 그런 측면에서 보르도에 위치한 주택의 수직 동선 시스템은 솔리드와 보이드, 즉 닫힌 공간과 열린 공간 사이를 오가며 위아래 위치한 프로그램 간에 단면적인 유연성을 제공하며 수직 동선 시스템의 새로운 가능성을 살펴본다.[23] (그림 23, 24)

그림 23. 1998년 완공된 렘 쿨하스의 주택 내 이동식 바닥, 프랑스 보르도 © Hans Werlemann/Hectic Pictures

그림 24. 단면 다이어그램으로 바라본 유연한 공간 구성의 예 © Steven Song

오늘날 건축에서 널리 사용되고 있는 커튼월 시스템은 건물 외피를 관통하는 시각적인 연결로 외부 공간같은 내부 공간을 가능하게 하여 프로그램들 간 중첩을 더욱 완만하게 한다(그림25). 커튼월시스템은 기존의 벽과 창문이 합쳐진 하이브리드 이상으로 중력을 이용한 공학 혁신이다. 커튼과 같이 구조에 매달린 유리 패널과 아래로 당기는 중력으로 측면에서 가해지는 풍하중을 견디는 커튼월은 계속해서 건축적 가능성을 넓히고 있다.

2001년 일본에 완공된 토요 이토(Toyo Ito)의 센다이 미디어테크(그림26)는 '플레이트(plate),' '튜브(tube),' '스킨(skin)' 등 세 요소를 중심으로 건축 요소의 재정의를 시도했다.[24] 하지만 이와 같은 축소적인 접근과는 달리 변화하는 패러다임은 건축 언어의 확장을 요구하고 있다. 공학과 정보 기술의 발달은 건물을 구성하는 기존의 요소에 새로운 가능성을 더하고 있다. 한국전자통신연구원이 개발한 창문이자 디지털 디스플레이인 '스마트 윈도우(Smart Window)' 기술 등이 그 예로[25] 이는 건물 외관이 단순한 표피로 축소되는 경향에서 벗어나 커뮤니케이션과 장식 등 새로운 형태로 변해가고 있음을 의미한다. 건물 안팎의 시각적 연결을 극대화시키는 유리로 된 커튼월은 시각적인 소통 매체로 기능한다. 바닥, 기둥, 벽, 창문 등 건축의 전통적인 언어는 오늘날의 다문화 환경에서 점점 모호해지는 공간 사이의 관계와 기능을 복합적으로 정의하며 계속해서 진화할 것이다.

그림 25. 2004년 SOM이 완공한 뉴욕 타임워너센터
주출입구의 커튼월 시스템 © James Leynse/Corbis

그림 26. 2001년 완공된 토요 이토의 센다이 미디어테크, 일본
© Will Pryce/Corbis

사인: (인터액티브) 정보화 시대의 건축

벤투리와 스콧 브라운은 소통과 정보라는 건축의 역사적인 기능을 강조하며 건축의 상징성과 도상학적인 측면을 인정하고 수용한다. 하지만 그러한 소통적인 측면은 최근의 네오-모더니스트 건축 또는 해체주의 건축의 추상적인 형태 속에서 모호해지거나 잊혀진다. "언어는 근본적으로 불안정하고 변한다는 개념을 바탕으로 텍스트를 분석하는 방식"[26]을 고수하는 해체주의 건축은 소통적인 측면에서 확실성을 분리한다.[27] 고대 이집트의 상형문자의 역사, 사회적 중요성, 비잔틴과 초기 기독교 교회의 모자이크, 고딕 건축의 스테인드글라스 (오늘날에는 예술로 인정 받지만 당시에는 종교적인 내용 전달이 주목적이었다) 등을 보며 벤투리는 LED와 같이 '화소로 된 전자 표면'은 탈공업화된 정보화시대에 실시간으로 무한한 양의 정보를 소통할 수 있는 사인이 될 수 있다고 주장한다.[28] (그림 27, 28) 건축잡지 RES와의 인터뷰에서 스콧 브라운은 이 개념을 생각하는 또 하나의 방식을 제시했다: "바로크 건축의 장식은 1 야드라는 두께를 필요로 했다; 르네상스 건축은 1 피트, 로코코 건축은 1 센티미터, 아르데코는 1 센티미터 두께의 부조에 7-8 개의 표면을 중첩시켰다."[29] 1978년 펜실베이니아에 위치한 베스트 프로덕츠 카탈로그 쇼룸(Best Products Catalog Showroom) 디자인에서 벤투리와 스콧 브라운은 2차원의 색 변화로 벽을 장식했다. 30년이 지난 오늘 우리는 그 어느 때보다 빠른 패러다임의 변화를 실감하고 있으며, 벤투리와 스콧 브라운은 유연하고 즉각적인 소통이 가능한 발광 표면을 응용한 장식을 추구하고 있다(그림 29, 30, 31,32, 33).

그림 27. (좌) 이집트 신전에 새겨진 상형문자, BC 1300년대 © Brooklyn Museum
　　　　(우) 이탈리아 시칠리아에 위치한 12세기 비잔틴 교회 내부의 모자이크 © Scala Art Resource

그림 28. (좌) 15세기에 추가된 프랑스 파리 생트 샤펠 내부의
고딕 스테인드 글라스 장미창
© Architecture Religieuse en Occident

(우) 2004년 완성된 시카고 밀레니엄파크 내
LED 설치물
© Alisa Schwarts

그림 29. (좌) 이탈리아 바로크 건축 디테일, 안드레아 포조

(우) 건축과 장식의 역사(History of Architecture and Ornament)'에서 발췌한 이탈리아 르네상스 건축 디테일
© Editorial Staff of International Correspondence Schools.
The International Library of Technology's "History of Architecture and Ornaments," 1926

그림 30. (좌) 러시아 가치나 궁 내부의 로코코 건축 디테일 © Eduard Gau. Dressing room in the Gatchina Palace, 1878

(우) 헨리 H. 구터슨(Henry H. Gutterson)과 윌리엄 코렛(William Corlett, Sr.)
이 디자인한 아르데코 부조 디테일, 캘리포니아 버클리에 위치한 버클리 고등학교 내 과학 건물 © Gray Brechin

그림 31. 펜실베이니아 랭혼에 위치한 베스트 프로덕츠 카 탈로그 쇼룸, 1978, 벤투리, 라우쉬, 앤드 스캇 브 라운 (Venturi, Rauch and Scott Brown) © VSBA

그림 32. KPF가 설계한 사무실 건물(2001년 완공)에 장식적으로 사용된 LED 판넬, 2007년 뉴욕 © Royce Douglas/Emporis

그림 33. 시대에 따른 건축 장식의 두께 변화 © Steven Song

정보화시대의 가장 주된 특징 중 하나는 인터랙티브 커뮤니케이션이다. 고딕 교회의 스테인드글라스, 이집트 탐문이 상형문자, 전형적인 책 모두 대중을 향한 소통의 방향은 일방적이었다. 하지만 오늘날 정보 교환은 점점 더 대화형이 되고 있다. 월드와이드웹의 근본적인 개념은 온라인 소프트웨어 프로그램을 통해 적합한 정보를 찾게 하는 것이다. 입력 위주의 전자제품은 제품과 사용자 간 소통을 통한 상호작용을 가능하게 하고 최신 건물에 도입된 스마트 기술은 환경을 감지해 자동으로 조명과 실내 온도를 조절, 더욱 안락한 환경을 만든다. 전자 사인은 즉각적인 접근과 무한한 정보량을 소화해낼 뿐 아니라 건축의 상호작용을 높여 커뮤니케이션의 효율과 질을 향상시키고 공간적 유연성을 한층 높일 수 있다(그림34).

그림 34. (상) 로스앤젤레스에 위치한 일렉트로랜드의 2006년 디자인 '엔터액티브(EnterActive),' 파사드의 LED 판넬은 방문객의 움직임에 반응한다. ⓒ Electroland

(하) 스페인 바르셀로나에 위치한 클라우드9건축의 해비타트 호텔(Habitat Hotel), 밤이면 형형색색으로 발광하는 '에너지 메쉬(energy mesh)' 파사드는 낮 동안 수집된 태양에너지의 양을 나타낸다. ⓒ James Clar

진화하는 3중 관계: 현대건축에서의 인터랙티브 사인, 유연한 셸터, 그리고 최신 컨텍스트

　스콧 브라운은 '기호와 시스템으로 읽는 건축: 매너리즘 시대를 위하여'의 끝부분에서 건축가들은 과연 건축의 상징적 소통이라는 역할을 전자 메시지를 디자인하는 그래픽 아티스트에게 넘겨줄 준비가 되었는지 질문을 던진다. "우리(건축가)는 셰드(shed)와 장식의 프레임을 디자인하는 것으로 만족할 것인가"라고.[30] 하지만 우리는 건축이 장식의 프레임으로서 충분한지 생각해봐야 한다. 건물이라는 프레임에 전자 사인을 덧붙이는 것으로 사회적 패러다임의 변화와 그에 따른 공간적 관계의 변동을 수용할 수 있는가? 건축은 사인과 셸터의 다양한 관계를 통해 사인, 셸터, 컨텍스트의 3중 관계를 진화시킬 수 있어야 한다.

　오늘날 건축은 지속 가능성이라는 또 하나의 기능을 수용해야 한다. 산업발달로 인한 환경파괴가 점점 심각해지면서 지속 가능한 기술에 대한 관심에 긴급함이 더해지고 있다(그림35). 태양열 에너지, 자연 통풍, 자연 차광 및 채광을 활용하는 지속 가능성을 위한 최신 건설 기술은 실내 환경을 조절하고 에너지 낭비를 최소화한다. 모포시스(Morphosis)가 설계한 칼트랜스(Caltrans) 제7지구 본사 파사드는 조절가능한 차광 장치와 태양전지판으로 이루어져 있으며 소통, 장식적 사인의 역할도 함께 한다. 노먼 포스터(Norman Foster)는 베를린자유대학 언어학도서관(Philological Library) 외피를 투명한 유리 패널과 알루미늄 패널로 마감해 태양의 움직임을 감지하고 "숨쉬는" 건물을 만들었다. 그 결과 이 도서관은 일년 중 60%를 자연 통풍에 의존한다.[31](그림 36) 도시적 관계 또는 사인 뒤 셸터가 가진 다양한 가능성을 생각해보면 이 패널들의 역할은 여전히 제한적이지만 이는 기존의 빌딩 시스템을 넘어 사인과 셸터가 가진 다양한 잠재력을 엿보게 한다.

그림 35. 허리케인 카트리나가 휩쓸고 지나간 루이지애나 뉴올리언스의 참담한 모습, 2005
© Smiley N. Pool/Dallas Morning News/Corbis

그림 36. (좌) 2004년 완공된 모포시스의 칼트랜스 제7지구 본사, 로스앤젤레스 © Ted Soqui/Corbis
(우) 2005년 완공된 노먼 포스터의 베를린자유대학 내 위치한 언어학도서관 © Inge Kanakaris-Wirtl

　앞서 언급한대로 사인과 셸터의 결합은 다양한 가능성을 내포하고 있다. 계속해서 변화하는 전자사인은 건축의 영속적인 특성을 손상시키지는 않는가? 사인은 셸터의 껍질이어야 하는가? 사인과 셸터는 통합되어야 하는가, 아니면 벤투리와 스콧 브라운이 제안했듯이 서로 물리적으로 독립적인 관계이어야 하는가? 인터랙티브한 사인은 '변화 공간'에서 나타나는 외부와 내부, 내부와 내부 사이의 모호해진 경계에 어떻게 대응해야 하는가? 건축의 이중성과 오늘날 강조되고 있는 기능적 유연성은 중요한 이슈이며 계속해서 연구되어야 한다(그림 37, 38, 39).

그림 37. 2017년 완공 예정인 SCAAA의 필리핀 증권거래소 내부의 조명 및 전자 장식 © SCAAA

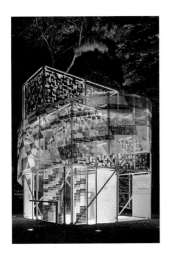

그림 38. 2003년 개발된 키런 팀버레이크 어소시에이츠
(Kieran Timberlake Associates)의 반투명 '스마트랩(SmartWrap)' 렌더링
© Kieran Timberlake

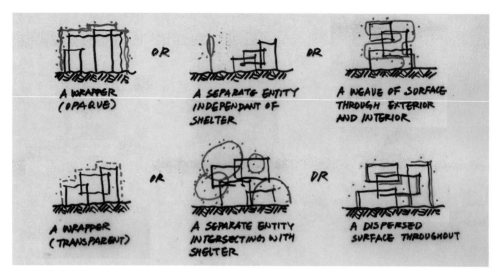

그림 39. 현대 '컨텍스트'에서 '사인'과 '셸터'의 다양한 관계 © Steven Song

벤투리와 스콧 브라운의 이론은 역사의 한 순간에 묶여 그 뒤로 이어지는 건축적 대화 에서는 다시 고려되지 않는다. 오늘날 건축적 접근에 영향을 미치는 문화, 사회적 상황을 살펴보는 이 글은 벤투리와 스콧 브라운의 작업에서 건축의 유연성과 소통적 상호작용에 대한 단서를 찾고 있다. 최신기술을 응용한 건축 표피에 대한 관심은 그들의 개념에서 비롯된 것이다. 2004년 Praxis지는 그 주제를 집중적으로 다루며 기후 조절, 에너지 활용, 조명, 디스플레이 등의 기능을 하나의 얇은 필름으로 재탄생시킨 키런 팀버레이크 어소시에이츠의 '스마트랩'과 같은 신기술을 소개했다.[32] 이는 1970년대 벤투리와 스콧 브라운이 처음 제시한 사인과 셸터의 관계에 대한 관심이 건축계 전반에 펴져 있음을 말해준다. 이 글은 진보하는 현대건축에서 그들의 이론을 재조명하며 벤투리와 스콧 브라운의 개념에서 점차 확장되고 있는 사인, 셸터, 컨텍스트 간의 관계의 시작을 찾고 있다.

뉴욕 다운타운에서

스티븐 송

1   Venturi, Robert, Denise Scott Brown and Steven Izenour, *Learning from Las Vegas* (Cambridge, MA: MIT Press, 1972; revised edition 1977), p. 87.

2   Venturi, Robert and Denise Scott Brown, *Architecture as Signs and Systems: For a Mannerist Time* (Cambridge, MA: The Belknap Press of Harvard University Press, 2004).

3   Scott Brown, Denise, "Context in Context," *Architecture as Signs and Systems: For a Mannerist Time*, pp. 175-181.

4   Stalder, Felix, *The Network Paradigm: Social formations in the Age of Information,* http://www.indiana.edu/~tisj/readers/full-text/14-4%20Stalder.html (1998).

5   Castells, Manuel, *The Rise of the Network Society, the Information Age: Economy, society and Culture, Vol. I* (Cambridge, MA: Oxford, UK: Blackwell, 1996), p. 5.

6   Grossman, Lev, "The People's Network," *Time* (November, 2006), pp. 61-65.

7   Linden Lab, *What is Second Life?*, http://secondlife.com/whatis/economy_stats (2008).

8   Webber, Melvin M. et al., "Urban Place and Nonplace Urban realm," *Explorations into Urban Structure,* (Philadelphia, PA: University of Pennsylvania Press, 1964), pp. 108-132.

9   Webber, Melvin M., "Tenacious Cities," *Conference Research Notes: spatial technologies, geographical information and the city, Baltimore* (September, 1996)

10 Castells, Manuel, *The Informational City* (Oxford, UK: Blackwell, 1989).

11 Lynch, Kevin, "Environmental Adaptability," *Journal of the American Institute of Planners 24, no. 1* (1958), pp. 16-24.

12 The Nation Assessment Synthesis Team, US Global Change Research Program, *Climate Change Impacts on the United States: The Potential Consequences of Climate Variability and Change,* http://www.usgcrp.gov/usgcrp/Library/nationalassessment/overviewChangingNation.htm (2001).

13 Dr. Wimberley, Ron, *Mayday 23: World Population Becomes More Urban Than Rural,* http://news.ncsu.edu/releases/2007/may/104.html (2007).

14 Kwon, Tai-Hwan, *Population Change and Development in Korea,* http://www.askasia.org/teachers/essays/essay.php?no=124 (2001)

15 Scott Brown, Denise, "Mannerism Because You Cant Follow All the Rules of All the

Systems All the Time," *Architecture as Signs and Systems: For a Mannerist Time*, p. 212.

16   Scott Brown, Denise, "The Redefinition of Functionalism," *Architecture as Signs and Systems: For a Mannerist Time*, pp. 153-154.

17   Lynch, Kevin, "Environmental Adaptability," *Journal of the American Institute of Planners 24, no. 1* (1958), pp. 16-24.

18   Scott Brown, Denise, "The Redefinition of Functionalism," *Architecture as Signs and Systems: For a Mannerist Time*, pp. 158-161. and Harteveld, Maurice and Denise Scott Brown, "On Public Interior Space," *AA Files 56* (November 2007), pp. 64-73.

19   Crane saw the street as providing access, pressure for city buildings, space for living and opportunities for communication. See Scott Brown, Denise, "Urban Design at Fifty, and a Look Ahead," *Harvard Design Magazine* (Spring Summer, 2006,) pp. 33-44.

20   Eisenman, Peter, "Blurred Zones", *Written into the Void: Selected Writings, 1990-2004* (New Haven: Yale University Press, 2007), pp. 111-112.

21   Scott Brown, Denise, "The Redefinition of Functionalism," *Architecture as Signs and Systems: For a Mannerist Time*, p. 162.

22   Lynch, Kevin, "Environmental Adaptability," pp. 16-24.

23   Hill, John, "One-Family Home," *A Weekly Dose of Architecture*, http://www.archidose. org/Aug99/080299.html (1999).

24   Ito, Toyo, *Image of Architecture in Electronic Age*, http://www.designboom.com/eng/ interview/ito_statement.html (2001).

25   Park, Bang-Ju, *Transformation from a Clear Window to a Monitor*, http://news.joins.com/article/3356636.html?ctg=1205

26   Besley, Catherine, *Post Structuralism: A Very Short Introduction* (Oxford: Oxford University Press, 2002).

27   Salingaros, Nikos, *Anti-Architecture and Deconstruction* (Soligen, Germany: Umbau-Verlag, 2004). 8

28   Venturi, Robert, "Architecture as Signs rather than Space," *Architecture as Signs and Systems: For a Mannerist Time*, pp. 93–101.

29   Ashlock, Jesse, *Signs and Systems: Q + A with Robert Venturi and Denise Scott Brown*, http://www.res.com/magazine/articles/signsandsystemsqawithrobertventurianddenisescottb rownpart1_2004-06-10.html (2004).

30   Scott Brown, Denise, "The Redefinition of Functionalism," *Architecture as Signs and Systems: For a Mannerist Time*, p. 164.

31   Pearson, Clifford, "Free University Library," *Architectural Record* (November, 2006), p. 139.

32   Gilmartin, Benjamin, "SmartWrap," *Praxis* (February, 2004).

라스베이거스의 교훈

초판 1쇄 인쇄일   2017년 6월 15일
초판 1쇄 발행일   2017년 6월 20일
지은이   로버트 벤투리 데니스 스콧 브라운 스티븐 아이즈너
옮긴이   이상원
감   수   스티븐 송 박효영
펴낸곳   청하출판사
펴낸이   박진호
등록번호 제80호
전   화   02-3211-7877
주   소   서울시 마포구 용강동 월명빌딩 117-3 4층

ⓒ2017
ISBN 978-89-403-0230-9

Learning from Las Vegas: The Forgotten Symbolism of Architectural Form
by Robert Venturi, Denise Scott Brown and Steven Izenour
Copyright © 1977, 1972 by The Massachusetts Institute of Technology

Photo Credit
Image of Denise on The Strip: Photo by Robert Venturi. "Denise Scott Brown, Las Vegas style and Denise style, 1966." Courtesy of Venturi, Scott Brown and Associates, Inc.
Image of Bob on The Strip: Photo by Denise Scott Brown, "Bob Style and Magritte style, with mannerist plays of scale, 1966." Courtesy of Venturi, Scott Brown and Associates, Inc.

Book cover design Credit
청하×SCAAA